사유의 뜰

맹난자 지음

우리출판사

사유의 뜰

책을 열면서

  지난 여름, 나는 긴 장마비에 갇혀 어느 산사에서 '행복찾기 훈련'에 참가하고 있었다. 찾아진다면 한번 찾아보고 싶은 품목이기도 하였다.
  '나는 ○○하다. 그래서 지금 내 기분은 자랑스럽고 기쁘다.' 라는 패턴에 맞춰 100가지를 써 보라는 것이다. 별로 쓸게 없다 싶어 우두커니 벽에 기대어 있었다. 부지런히 써나가는 사람들이 부럽게 보였다.
  이 때 감자 찌는 구수한 냄새가 이 층까지 올라왔다. 마침 출출하던 참이었다. 펜을 들었다.
  '나는 좀 시장하다. 그런데 때맞춰 감자 찌는 구수한 냄새가 난다. 그래서 지금 내 기분은 기쁘다.' 라고 써놓고 나니 펜이 움직이기 시작했다. 식욕만큼 정직한 생의 근거가 어디 있겠는가.
  '나는 책 읽기를 좋아한다. 돋보기를 쓰고서라도 아직은 책을 읽을 수 있는 시력이 남아있다. 그래서 지금 내 기분은 자랑스럽

고 기쁘다.'

마음의 존재와 그 작용에 대해 좀더 성찰하는 시간을 갖기위해 기회가 주어질 때마다 나는 명상훈련에 참가하려고 애써왔다.

나도 모르는 내 마음 속의 다른 얼굴. 즉 감추어진 본능의 욕망도 어느 날인가는 접수하고, 억압된 증오도 체크하며, 때로는 구름같은 슬픔도 걷어낸다. 정직하게 내가 나를 들여다 보는 시간. 그것은 글쓰기의 행위와 다르지 않았다.

산다는 것은 좋은 일이다. 나이를 먹는다는 것은 자신의 고집스런 편견과 인식의 오류를 정정하는 일이며, 잘못을 하나하나 깨달아 나아가는, 마치 인생의 학습시간 같다는 생각이 드는 것이었다.

사람은 더러 '앓아 누워야 천국행(天國行) 공부를 한다'던 구상(具常) 시인의 말씀대로 그런 심정이 되어 조용히 내 안의 뜰을 거닐면 맑은 샘물처럼 차오르는 생각들, 뉘우침. 요즘 그런 것들을 수납하는 기쁨을 누린다.

묵은 나무 껍질 안에서 생명이 눈을 뜨는 새봄에 흩어진 글들을 기꺼이 한데 묶어주신 우리출판사 무구(無垢) 스님께는 어떻게 빚을 갚아야할는지 모르겠다. 그리고 제2부와 제3부의 단문(短文)은 국민일보에 연재된 글임을 밝히며, 일독 해주신 독자 여러분께도 감사의 말씀을 드린다.

그리고 이번에 변변찮은 글을 예쁜 책으로 펴내 준 우리출판사 직원 여러분에게도 고마운 마음을 전한다.

2001년 2월 30일
소나무언덕 觀如齋에서
孟 蘭 子

차 례

책을 열면서 • 4

1 지일반(只一般)

산 책 • 13
탱고, 그 관능의 쓸쓸함에 대하여 • 19
투 우(鬪牛) • 29
찻물을 끓이며 • 34
작은 방(房) • 39
썩는다는 것 • 44
나이의 무게 • 50
은행나무 • 55
추석 무렵 • 58
흰구름이 흐르던 언덕 • 63

간월기행(看月紀行) • 69
내가 좋아하는 불교문구 '只是日日 一般' • 75
토정(土亭) 이지함 선생 • 78
김우진과 수산건(水山蹇) • 86
아무 일도 일어나지 않았다 • 92
종성명혜안(鐘聲明慧眼)의 재해석 • 112

2 연당(蓮塘)에서

오늘은 8월 • 125
우리를 슬프게 하는 것들 • 128
연당(蓮塘)에서 • 131
그대로 놓고보기 • 134
어머니의 고향 • 137

몽당연필 • 140

집 • 143

카페 필로 (Café Philo) • 146

아름다운 말 • 149

3 가지않은 길

활자와 문화 • 155

낙엽을 밟으며 • 158

새벽에 만난 사람 • 161

내 아이에게 들려주고 싶은 말 • 164

기다림 • 167

부 용(婦容) • 170

나 목(裸木) • 173

동 지(冬至) • 176
세모(歲暮)에 • 179
가지않은 길 • 182
석 학(夕鶴) • 185
빛과 그림자 • 188
메멘토 모리 • 191

孟蘭子의 수필 세계 - 김종완 • 194

철학수필산책② - 황필호 • 203

제19회 現代隨筆文學賞 수상자의 수필세계 - 강호형 • 211

1

지일반(只一般)

'지시일일 일반(只是日日一般)'이란 다만 하루 하루가 일반이라는 평이한 말씀이다. '평생에 아무 것도 깨달은 바가 없다. 그래서 하루 하루를 그저 한 모양으로 지내고 산다'는 흠산 스님의 자평(自評)이다. 나는 이 말씀을 사랑하여 '지시일일 일반'에서 '지일반'을 따와 두인(頭印)으로 새겨 지녔다. 이것으로 내 생활의 좌표를 삼고 있다.

산 책

 눈이 보는 대로 귀가 듣는 대로 마음에 물결이 일 때가 있다.
 그런 날은 몸이 벌떡 일어나 마음더러 산책을 나가자고 한다. 동생이 형의 손목을 잡아 이끌듯이 몸이 마음을 데리고 집을 나서는 것이다. 중국의 육상산(陸象山)이나 왕양명(王陽明) 같은 심학(心學)의 철학가들은 마음이 몸을 주재한다고 하지만 경우에 따라서는 몸도 마음을 선도(先導)할 수 있는 것 같다.
 공연히 울적하여 일이 손에 잡히지 않을 때, 동네의 목욕탕에라도 들어가 보라. 뜨거운 물에 몸을 한참 담구었다 나오면 마음이 한결 상쾌해지는 것이다. 날씨마저 울 듯이 꾸물한 날에는 더운 구들목을 지고 한나절 뒹굴다 보면 마음의 울결도 어느새 풀어지고 만다. 마음이 앓아 눕고 싶은 날은 그래서 몸이 먼저 쉰다. 몸이 가벼워지면 마음도 따라서 가벼워지는 것이다.
 아파트 후문을 빠져나와 횡단보도를 두 번만 건너면 바로 개농(開籠)공원 앞에 닿게 된다. 옛날 임경업 장군이 우연히 한 궤짝을 얻어 열었더니 그 속에서 갑옷과 투구가 나왔다고 전한다. 개 농이란 여기서 붙여진 이름이다. 입구의 표지판을 뒤로 하고 완만한 경사를 따라 공원 안으로 들어선다. 적요(寂寥)와 청결감, 왠지 단정한 마음이 된다.

양쪽으로 도열한 벚나무며 느티나무, 상수리나무들은 나목(裸木)으로 늠름하게 서 있다. 찬바람이 귓볼을 때린다. 억울하게 죽은 임경업 장군의 심정이 되짚어진다. 남편 대신 청나라로 끌려간 그의 부인조차도 제 명을 살지 못하고 심양의 감옥에서 자결로 생을 마쳤으니 그들의 한이 어떻다 하랴.

어긋나는 인생이 어디 그들뿐이겠는가?

우리의 삶이 뜻대로 되지 않는다는 것을 아는 데에, 그리고 그것을 받아들이는 데에 전 생애가 다 걸리는 것도 같다.

볼이 얼얼하도록 나는 찬바람을 맞으며 외곽으로 난 작은 길을 따라 다섯 바퀴나 돌았다. 걷는 동안 마음이 편안해졌다. 앞만 보고 부지런히 걷다 보니 자잘한 생각들이 없어지고 만다. 땅이 흡수해 들이는 것일까?

가던 걸음을 멈추고 잠시 하늘을 올려다본다. 얼음조각처럼 투명하다. 햇살이 퍼지는 이 시간대면 운동장에 나와 게이트볼을 치곤 하던 노인들의 모습도 오늘은 보이지 않는다. 발이 시린 듯 비

둘기 떼만 마당에서 종종거린다.

 나는 언제나 그랬던 것처럼 정자의 육각형 지붕이 잘 바라보이는, 내 지정석으로 가서 앉는다. 의자의 차디찬 감촉. 이럴 때, 담배를 피울 줄 안다면 한 개피쯤 뽑아 물어도 좋으리라.

 여름내 푸르던 나무숲이 휑하다. 마치 머리 밑이 드러나 보이는 것처럼 춥다. 눈이 가 닿는 풍경의 표면에 따라 마음은 겨울나무 숲처럼 이내 적막해지고 만다. 찬 하늘을 머리에 인 빈 나뭇가지며, 텅 빈 공원. 마음도 따라서 텅 비어져 버린다. 내 자신이 생명의 잔고(殘高) 없는 통장처럼 느껴지기도 한다.

 여름과도 같은 인생의 바쁜 시기를 나는 강남구에서 보냈다. 20년 가까운 세월이었다. 문정동으로 옮겨 앉은 것은 재작년 초겨울께, 이제 두 번째의 겨울을 맞는 심정은 제 몸의 잎을 다 털어낸 겨울나무처럼 홀가분하면서도 조금은 쓸쓸하다.

 소나무 언덕〔松坡〕아래로 물러나 조용한 노년을 시작하자고 자신에게 타이르던 기억이 되살아난다. 물러나 앉는다는 말에는 그것이 비록 자의라 할지라도 묘한 뉘앙스가 붙는다. 때로는 패자(敗者) 같은, 때로는 현자(賢者)의 은둔거사적 이미지를 떠올려 주기도 한다. 어느 쪽이라도 상관없다. 하지만 정년을 맞은 남편과 함께 선뜻 여기로 물러나 앉은 데는 마음을 좀더 외진 곳에 두고자 한 뜻도 포함되어 있었다. 마음이 속세(俗世)에서 멀어지면 사는 거기가 곧 외진 곳이라고 하지만 도연명(陶淵明)의 그러한 경지에 이르지 못하고 보니 자연히 환경을 탓하게 되는 것이다. 다행히 이 부근에는 공원이 많다. 공기가 맑고 조용하다. 그 한적함이 외진 마음을 더욱 외지도록 만들었다. 철저하게 단절되어 보는 것도 좋은 일일 것 같다.

마음을 스스로 제어하지 못하는 나 같은 사람에게는 이런 타율적인 방법도 좋으리라는 생각이 들었다. 바깥 경계(境界)에 따라 움직이는 마음의 물결을 잠재우자면 모든 감각 작용을 차단하는 것도 한 방법이기 때문이다.

사실 벌써부터 물러나 쉴 나이가 되지 않았던가. 예순 살을 인도에서는 '산으로 가는 나이'라고 말한다. 자연으로 돌아가는 나이가 된 것이다. 스스로 하나의 자연이 되어야 하는 나이이기도 하다.

휴지기(休止期)를 맞아 온 산의 물을 퍼내고 숨을 고르는 저 겨울산처럼 가쁘지 않은 호흡으로, 조용히 숨결부터 다스리는 법을 배워야 하리라.

급한 물살에 격랑이 일 듯 때로는 턱없이 뛰는 가슴, 그런 가쁜

숨결부터 다스려야 하리라.

 바로 며칠 전의 일이다. 뜻하지 않은 일이 생겨, 바빠진 마음으로 속을 좀 끓였더니 위가 탈이 나고 말았다. 억지로 마음을 느긋하게 하여 그 위염(胃炎)의 불꽃을 달래야 했다. 마음에 바쁜 일이 들어와 걸리면 이렇게 위가 탈이 나고, 신경에 한 번 켜진 불이 꺼지지 않을 때는 눈에 실핏줄이 터지고 마는 경우도 있다.

 몸이 마음의 무게를 감당하지 못하기 때문일까?

 마음처럼 몸이 되질 않는다. 오래된 양복의 안감과 겉감처럼 안과 겉이 따로 논다. 양복 밑단으로 슬며시 삐져나온 안감처럼 궤도에서 이탈을 할 때도 있다. 이래서 둘 사이의 관계는 협응이 원만하지 못하다. 몸과 마음이 하나 되는 일은 이리도 어렵다. 몸과 마음이 순일(純一)하게 하나가 되기 위해 나는 오늘도 이 언덕을 오르는 것인지 모른다.

 낡은 수레는 먼저 짐이 가벼워야 하리라.

 몸이 늙으면 마음도 몸의 속도를 따라야 한다. 가볍지 않은 발걸음을 나는 천천히 옮겨 놓는다. 쩌르르 이따금씩 무릎에 와 닿는 통증·마음이 앞서는 날은 이래서 몸이 따라 주지 못하고, 마음이 미처 몸을 따라 오지 못할 때에는 저만치 앞서 가던 몸이 걸음을 멈추고 마음을 기다리는 것이다.

육신의 무게만 둔중하게 느껴지는 날은 정신이 몸을 이끌고, 그리고 이렇게 마음이 꾸물거리는 날에는 몸이 마음을 데리고 나와 이 자리에 앉는 것이다.

누가 비키라고 하지 않는 마지막 장소, 내가 나에게로 돌아가 눕는 자리다. 몸도 마음에게로 돌아가 눕는다.

귀일(歸一)을 위해 바쳐지는 시간이다.

나비의 두 날개가 한 장으로 접어지듯 몸과 마음을 포개어 마침내 아무것도 아닌 것으로 조용히 풍화(風化)되고 싶다. 텅 빈 숲 둘레에 어둠이 가만 가만 내려앉는다. 나는 적요 속에 한 점의 정물(靜物)이 되어 그냥 앉아 있다. 이윽고 편안한 어둠이 몸을 감싼다. 푸른 어둠의 바다 밑으로 잠기고 있다. 이제 나는 아무것도 아니다.

탱고, 그 관능의 쓸쓸함에 대하여

　봄이 이울자 성급한 덩굴 장미가 여름을 깨운다.
　아파트 현관문을 나서다가 담장 밑에 곱게 피어난 장미 꽃송이와 눈이 마주쳤다. 투명한 이슬방울, 가슴이 뛴다. 그리고는 알 수 없는 통증이 한 줄기 바람처럼 지나가는 것이다. 6월의 훈향이 슬며시 다가와 관능을 깨운다. 닫혔던 내부로부터의 어떤 확산감을 느끼게 되곤 하던 것도 그러고 보면 매양 그 무렵이었다.
　약속한 대로 나는 예술의 전당 앞에서 남편을 기다렸다. 아르헨티나에서 온 뮤지컬 〈포에버 탱고〉를 관람하기 위해서다. 내가 탱고를 보자고 제안했을 때, 그는 순순히 동의해 주었다. 순순히라는 말 속에는 그렇지 않을 수도 있다는 뜻이 담겨 있는데 그것은 우리가 흔히 탱고를 관능과 외설, 즉 단정치 못한 어떤 것과 연관지어 생각하기 때문이다.
　관능과 외설에 대한 사람들의 반응도 가지각색이다. 팔뚝에 붙은 거머리 떼어내듯 말은 모질게 하면서 속으로는 내심 그 진한 유혹의 잔에 취하게 되기를 원하며, 궤도 이탈을 꿈꾸기도 하고 심지어는 파괴적 본능까지도 일으키는 이들이 있었다. 이렇게 논리로 설명될 수 없는 일이 일어나며 때에 따라서는 그것이 미화되고 대상에 따라서는 인간적이라는 지지까지도 얻어내고 있는 것이다.

〈악의 꽃〉을 쓴 프랑스의 시인 보들레르의 수간(獸姦)에 얽힌 이야기나 알튤 랭보와 베를렌느의 동성애 사건, 19세기를 떠들썩하게 했던 사르트르와 보봐르 여사의 계약 결혼. 이들의 자유 선언에도 불구하고 성(性)에서 끝내 초월적이지 못했던 보봐르 여사를 떠올리면 성은 한 마디로 무엇이라고 단정하기도 어렵다. 그러면서도 꼭 알고 싶은 것이 성의 정체이다.

성의 철학적 성찰을 시도한 조르쥬 바티유는 "우리 인간을 그런 열정적 충돌과 무관한 존재로 상상한다면 우리 인간을 제대로 파악하지 못한 것"이라고 힘주어 말했다. 우리는 열정적 충돌과 결코 무관할 수 없는 존재, 사실 그것으로 해서 우리의 성이 동물적 성행위와 구별되는 것이 아닌가 싶기도 하다.

감각 기관을 통해 일어나는 우리의 욕망과 열정적 감정들이 빚어내는 갈망, 그리고 심리적 추구가 일으켜 내는 프리즘의 굴절 작용 같은 에로티시즘에서 동물의 것과 다르게 구분되는 인간의 성(性)을 찾아볼 수 있지 않을까 싶다.

성(性), 나는 그 자체보다 성에 대한 심리적 반응에 더 관심이 모아진다.

감각의 비늘을 일으켜 세우는 우리 몸의 관능이 어떻게 하여 일어나며 어떻게 스러지는가? 생명의 에너지를 성의 에너지로 환치한다고 해도 다를 바 없다는 그 에너지의 본체는 무엇인가 하는 물음이 한때는 내게 화두였다. 백골(白骨)을 떠올리며 거기서 애욕(愛欲)의 공무(空無)함을 상상해 보기도 하였다. 그러나 목숨이 있는 한, 성(性)은 우리를 자유롭게 하지 않는다는 사실을 알게 되었다.

며칠 전 조간신문에서 '관능적 몸짓, 유혹의 노출'이라는 큰 제목 아래 소개된 〈포에버 탱고〉 댄서들의 사진을 보게 되었다. 열정과 관능의 댄스라고 세계의 언론도 극찬한 바 있었지만 무엇보다도 나는 솔직하고 아름다운 섹슈얼리티의 무대라고 한 그 선전 문구가 마음에 들었던 것이다. 사실상 섹슈얼리티에서 한 발자국쯤 멀어진 나이가 되어서인지 섹슈얼리티의 무대가 궁금해졌다. 기다리고 있던 무대에 드디어 조명이 들어왔다.

아르헨티나의 고유 악기인 벤드오네온(아코디온의 변형 악기)

이 상징물처럼 무대 중앙에 설정되어 있고, 부에노스아이레스의 밤 하늘에 슬픔의 고함처럼 울리던 그 벤드오네온의 선율이 오케스트라와 함께 울려 퍼지면서 댄서들의 춤이 시작된다.

말끔하게 차려입은 턱시도 차림의 남성 댄서는 올백으로 붙여 빗은 머리에 거울처럼 반짝거리는 검정 구두를 신었다. 그런가 하면 여성 댄서들은 터질 듯한 앞가슴의 풍만함을 엿보이도록 깊게 패인 드레스를 입었고 될수록 몸의 곡선을 강조한 타이트한 실루엣, 높고 뾰족한 하이힐, 거기다 내면의 외로움을 무시하듯 함부로 치장된 금속성의 액세서리와 머리에 꽂은 가벼운 깃털과 구슬 핀의 섬세한 장식, 대각선으로 어깨를 맞대고 있는 남녀 댄서의 얼굴은 정지 신호에 걸린 듯 잠시 무표정하다. 투우사가 소를 겨냥할 때의 그것처럼 긴장감마저 든다. 그러나 빠르고 경쾌한 탱고 리듬의 스텝이 몇번 어우러지더니 급한 회전을 이루며 이내 타오르는 장작불처럼 격렬함에 이르고 만다.

여성 댄서의 손이 남성 댄서의 목을 부드럽게 감싸 안는다. 입술이 닿을 듯 밀착된 가슴, 상대방을 갈구하는 듯한 눈빛, 마침내 남자의 손이 여자의 몸을 훑어내리기 시작한다. 정교하면서도 감성적인 터치. 허벅지까지 깊게 터진 스커트 속으로 공격적인 다리의 움직임이 자유롭다.

탱고는 원래 '만진다'는 뜻의 라틴어 '탕게레'에서 비롯되었다. 그래서 이 춤은 파트너 간의 밀착, 혹은 좀체로 끊어지지 않는 터치에 그 중점을 둔다고 말한다.

새로운 삶을 찾아 부에노스아이레스까지 흘러들어온 이민자들. 아프리카나 유럽 등지에서 떠나 온 그들은 자신의 정체성과 스스로의 애환을 달래기 위해 밤이면 핸슨 클럽에 모여 들었다. 거기에서 그들만의 고유한 춤이 시작된다. 국가가 법으로 춤을 금지하기에 이른다.

탱고는 관능을 고조시키는 북의 단순 반복음, 원시성이 깃든 북의 반복음으로 시작된 룸바나 삼바의 기원에 그 뿌리를 둔다. 브라질계 아프리카 흑인 노예들이 아르헨티나에 전한, 그러니까 칸돔베스라는 춤이 탱고의 모체가 되는 것이다.

몸만큼 정직한 것이 있을까? 감정이 추운 것을 대신 그들은 몸으로 부볐다.

아라베스크의 문양만큼이나 이국적이고도 음울한 도시.
부에노스아이레스의 좁다랗고 긴 골목의 회랑을 따라 걸어들어가면 불 켜진 '탱고 바' 앞에서 소리쳐 손님을 부르는 한 젊은 호객꾼과 마주치게 된다. 중국 영화 〈해피투게더〉에서의 야휘(양조

위 역)이다. 동성애자인 그는 보영(장국영 역)과 이과수폭포를 보러 아르헨티나에 여행왔다가 돈이 떨어져 이곳에 억류되고 만다. 이민자와 다름없는 생활이 시작된다. 첫번째 고통은 허기와 외로움, 그리고 분노와 섹스. 그들은 어디서부터 잘못된 것일까? 영화가 끝날 즈음에 한 사람은 고국으로 귀향하는데 한 사람은 그냥 주저앉고 만다. 손을 쓸 수 없는 질병처럼 되어 버린 자신의 삶을 끌어안고 절규하는 대목에서도 긴 가락의 흐느낌, 벤드오네온의 탱고 선율이 화면을 채운다.

탱고는 남녀가 추는 춤이다. 유랑민의 허름한 방 안 구석, 두 마리 짐승처럼 사내 둘이 부둥켜 안고 추는 춤은 탱고가 아니라 차라리 슬픔이었다. 그들은 영화의 제목처럼 행복하지 못했다. 나는 몸으로 풀어내는 그들의 언어를 읽어 내려가며 목 안이 아려옴을 어쩌지 못했다. 부에노스아이레스의 낯선 항구, 적막한 그 마지막에 기대 선 것 같은 인생들로 해서.

"욕망과 외로움을 표현하는 데 이보다 더 우아하고 솔직한 작품이 있을까?"《뉴스위크》는 〈포에버 탱고〉를 이렇게 평했다.

욕망과 외로움을 달래기 위한 스스로의 발열(發熱), 고양(高揚)된 감정에 도달하려고 애쓰는, 그럼으로 해서 더욱 외로워지고 마는 탱고는 결국 외로운 몸짓의 형상화라는 생각조차 들었다. 화려한 복장과 경쾌한 음악, 에로틱한 율동에도 불구하고 나는 왜 탱고를 관능의 허무와 동렬(同列)에 두고 바라보게 되는 것인지 알 수 없다. 무대 뒤에서 화장을 지우는 배우의 심정처럼 처연해지는 것이다. 가면을 내려놓은 뒤 거울 속 자신의 얼굴과 마주한 느낌이라고나 할까. 사물의 뒷모습은 때로 앞모습보다 훨씬 더 본질적일 때가 있다.

그리하여 열광과 갈채, 그것이 사라진 텅 빈 객석이거나 아니면 소모해 버린 뒤의 육체적 욕망의 쓸쓸함 같은 것. 이렇게 서로 다른 두 개의 얼굴을 탱고에서 보게 되던 것이다. 관능의 열락(悅樂)과 축제 속에서 다른 한편으로는 울고 있는 자신을. 그래서 탱고는 둘이 추면서 혼자인 춤. 무표정한 얼굴의 속마음, 그 더듬이가 촉수(觸手)로 짚어 내려가는 내성적(內省的)인 요소가 탱고의 본령이 아닐까 싶기도 하다. 그리고 그믐달보다도 더 매운 계집의 눈썹과도 같은 스타카토, 그 스타카토의 분명한 선(線)을 기점으로 하여 안으로 파고드는 수렴(收斂)의 감정, 보다 철저하게 혼자가 되는 내성적(內省的)인 춤으로서의 탱고를 나는 좋아하게 되는 것이다.

지금 무대에서는 성장(盛裝)을 한 노년의 커플 댄서가 탱고를 보여 주고 있다. 경륜만큼이나 원숙하고 호흡이 잘 맞는 춤이다.

맞잡은 손을 풀어놓고 잠시 멀어지는가 했더니 다시 공격적으로 다가와서는 폭력적인 정사(情事)라도 벌이는 것만 같다. 그러나 마음을 주지 않고 돌아서는 여인처럼 여성 댄서는 곧 분리된다.

오케스트라의 리듬에 맞춰 그들은 썰물과 밀물처럼 끌어당김과 떨어짐의 동작을 되풀이하고 있다. 끝없이 이어지는 긴장과 이완. 철썩거리며 해안가에 밀물처럼 굽이쳐 들어왔다가는 휘돌아 나가고, 나가고 나면 다시 또 그 자리. 그것은 어찌할 수 없는 본원적인 자리일 터이다.

그럼에도 다시 거듭되는 단순 반복의 해조음(海潮音), 관능과 외로움의 합주(合奏). 제 몸에서 일어나는 조수(潮水)의 파고(波高)와도 같은 탱고 리듬, 그 슬픈 단조(單調)의 내재율(內在律)을 듣게 하는 것이다.

실체는 찾을 수 없으나 제 몸에 깃든 녹(鐵)처럼 다시 피어나는 관능의 노도(怒濤)와 해일(海溢).

그것은 결국 우리로 하여금 맞닿을 수 없는 어느 허무의 벽을 짚게 하고야 말리라. 한 발자국 다가서면 또 한 발자국 비켜나는 자신의 그림자처럼, 어쩌면 몸이 도달하고 싶어하는 지점도 끝내는 허구(虛構)가 아닐까 하는 생각이 들었다. 양파 껍질처럼 한 겹 한 겹 다 벗겨지고 나면 끝내는 망실(亡失), 바로 그 발 밑은 죽음의 계곡이 아닐까?

　가서 맞닿지 못하는 허무(虛無). 그리하여 나는 현란한 불빛, 탱고 음악의 물결 바다, 섹슈얼리티의 무대라고 한 거기 노련한 동작에도 불구하고 진정한 에로티시즘은 만날 수 없었다. 다만 서러운 포말(泡沫)과 다시 일으켜 세워지지 않는 관능, 노댄서의 이마 위에 돋은 힘줄을 보았던 것이다.

　그것이 나를 스산하게 하였다. 탱고, 그 관능의 쓸쓸함이 나를 쓸쓸하게 하였다. 한 차례 탱고의 물결이 어렵게 지나갔다. 옆을 돌아보니 남편의 얼굴도 묵묵하다. 웬만한 일에는 좀체 고양되지 않는 우리들의 요즈음처럼.

　객석에 불이 들어오고 나서도 우리는 한참만에야 그 자리를 떴다. 밤 공기는 가을 하늘처럼 삽상하다. 돌충계를 막 내려서는데 불쑥 릴케의 시구(詩句)가 발등에 와 닿는다.

　오! 장미여.
　순수(純粹)하나마
　서러운 모순(矛盾)의 꽃.
　(중략)
　이제는

누구의 것도 아닌 외로움을
고이 간직하고 있는
아름다움이여.
나는 낮게 부르짖었다.
"누구의 것도 아닌 외로움을 고이 간직하고 있는 아름다움이여!"
만약 릴케 선생의 허락이 있다면 이 시구를 탱고에게 헌시(獻詩)하고 싶었다. 그러나 어쩌면 그것은 내 자신에게 보내고 싶은 말이었는지도 모를 일이었다.

투 우(鬪牛)

어느 여름날 오후였다.

찬물로 몸을 씻고 나와 리모콘으로 TV의 아무데나를 누른다. 권투가 나왔다. 두 남자가 육탄적인 싸움을 벌인다. 때리고 맞는 행위, 무더위의 권태를 한 방으로 날려버리기엔 괜찮은 방법인 것도 같다.

마침 라디오에서 음악의 곡명이 바뀐다. 경쾌한 행진곡 풍의 '투우사의 노래' 다.

'토레아돌(Toreador)' 로 이어지는 활력이 넘치는 노래, 권투의 동작도 이 노래에 맞추고 보니 춤이 되는 것 같다. 노래를 흥얼거리며 나는 하릴없이 그들 중의 한 사람을 소로 대치시켜 본다.

입에 물린 마우스피스, 윤기 흐르는 검은 피부. 단단한 근육질의 황소 한 마리가 거기 서 있다. 그러나 아무래도 투우는 되지 못한다. 짧은 발빠름, 싸움이 조급한 권투에 비하면 투우는 그 격이 다른 것이다. 상대와 대칭으로 균제(均齊)를 이루면서 그놈을 천천히 무대 중앙으로 끌고 나와 선회하면서도 눈으로는 죽음을 가름해야 하는 일촉즉발의 긴장과 그러면서도 침착한 스텝으로 이어지는 우아한 동작, 거기에다 화려하기 이를 데 없는 복장이라니. 주역(主役) 투우사인 마타도르의 복장은 조역인 반데리예로나 피카도르 보다 훨씬 화려하다.

짧은 상의와 조끼. 무릎까지 오는 몸에 꼭 끼는 바지는 금과 은의 장식, 그리고 비단으로 치장되어 있다. 그 위에 레이스로 만든 셔츠웨이스트를 입고 산호색 스타킹을 신는다.

언젠가 영화에서 본 미남 배우 타이론파워의 투우사 분장은 아름다움의 극치였다. 햇볕에 반사된 그의 옷은 황금색 비늘로 번쩍였다. 성장(盛裝)은 마치 죽음을 위한 제의(祭儀)같다. 아무튼 투우의 목적은 소를 죽이는 데에 있다. 그러나 소만 죽는 게 아니다. 호셀리토처럼 세계적으로 손꼽히던 투우사도 결국엔 투우장에서 죽고 말았다.

해마다 경기장에서는 많은 투우사가 투우대신 죽어나기도 한다. 생명이 전제되었기에 관중들의 환호는 더 큰 것인지 모른다. 자극과 환호. 그것은 비례한다. 그러고 보면 우리 내부에는 파괴적인 욕구가 똬리를 틀고 있는 것 같다. 거기에 죽음에 대한 욕구도 붙어있다. 들것에 실려 나가는 투우사나 케이오된 권투선수의

뭉개진 얼굴을 보며 여러 가지 감정을 경험하게 되는 것은 나만은 아닐 것이다.

환호와 공포, 전율과 절망을 맛보기 위해 우리는 비싼 요금을 치루고 관람석에 앉아있지 않은가.

스페인 특유의 강렬한 햇볕이 내리덮는 원형 경기장. 그 아래 펼쳐지는 한 판 죽음의 무도(舞蹈). 헤밍웨이가 투우에 매료된 것도 바로 이 '격렬한 죽음'의 이미지 때문이라고 한다. 극도의 쾌락은 파괴의 형식을 수반하는 것 같다.

죽음에 대한 파괴 또한 사람들은 아주 천천히 진행되기를 희망한다. 그래서 유능한 투우사의 신기(神技)란 소를 빨리 죽이는 데에 있지 않고 위험할지라도 보다 뿔 가까이에 접근하여 붉은 망토를 휘두르며 약 올린 소를 얼마나 오래 지속적으로 그리고 우아하게 피하는 가에 달려 있다고 말한다. 죽고 죽이는 긴박한 절체절명의 상황에서 태연함을 가장한 마타도르의 여유와 서로의 몸이 부딪는 그 아슬아슬한 모습에 관중들은 환호하는 것이리라.

우리에게 이런 재미를 더하기 위해 특별히 사육된 사나운 소가 장내에 등장하면 보조 투우사인 피카도르가 먼저 말을 타고 달려나가 창으로 황소의 목덜미를 찌른다. 인간과 동물간의 위험한 싸움이기 때문에 황소의 체력과 속도감을 떨어뜨리고 목을 내려뜨리게 하기 위함이라고 한다.

그 다음은 반데리예로가 화려하게 색칠을 한 긴 작살을 세 개씩이나 들고 나와 목이나 어깨에다 그것을 차례대로 꽂는다. 이윽고 장내(場內) 가득히 트럼펫이 울려 퍼지면 그때서야 주역인 마타도르가 등장하여 죽음의 한판 무도를 펼치면서 황소의 목덜미에 단도를 찌르게 된다. 검은 황소의 등에서는 붉은 선혈이 흘러내린다. 동물의 심장이 심하게 뛰면 등에 꽂힌 칼도 따라서 부르르 하고 전율한다. 전율(戰慄)에서 오는 환희. 어쩌면 그것은 엑스타시일지도 모른다.

신화(神話)에서 황소는 남성의 상징이었다. 어느 날 크레타 섬의 왕 미노스의 아내, 파시파에는 황소에게 심한 욕정을 느낀다. 아테네에서 온 장인(匠人) 다이달로스가 파시파에에게 나무로 된 암소 한 마리를 만들어 주었다. 속이 비어 있는 암소의 몸 속으로 들어간 파시파에는 마침내 그 황소와 정을 통할 수 있었다.

여자들의 내면에는 이런 파시파에의 성향이 잠재해 있다고 어느 철학자는 일갈했다. 구릿빛 살결에다 갸름하게 찢어진 카르멘의 정욕적인 눈에서 나는 파시파에의 암소 한 마리를 발견한다. 그녀에 의해 힘없이 무너지고 마는 돈호세는 한 마리의 숫소였다. 그는 메리메의 소설〈카르멘〉속에서 이렇게 외친다.

'나의 일생을 망친건 너야. 내가 도둑이 되고 사람을 죽이고 한 것은 너 때문이야. 카르멘! 나의 카르멘! 내가 너를 구하게 해다오.'

그러나 끝내 투우사 루카스에게로 마음을 옮긴 카르멘. 화가 몹시 난 돈호세는 단도를 뽑아든다.

'…나는 이제 네 정부 녀석들을 죽이는 일도 지긋지긋해. 이번에는 너를 죽일 차례다.'

두 번을 찔렀다. 보헤미아의 집시, 야성적인 그 여자는 두 번째 칼을 맞자 소리도 없이 쓰러졌다. 돈호세의 단도를 맞고 그 자리에 쓰러진 건 한 마리의 암소, 파시파에였다. 파괴적인 욕망은 사랑의 다른 얼굴이었다. 관능과 죽음은 참으로 등배지간이었다. 귀가 멍멍해 오는 백색의 여름날 오후의 권태를 죽이기에는 투우가 적합할런 지도 모르겠다는 생각이 든 건 바로 그때였다. 죽음보다 확실한 생의 체감(體感)이 어디 있겠는가. 그런데 왜 내 안에 있는 파시파에적 욕구조차 일어나지 않는 것일까?

적막한 이 몸의 평정(平靜)은 무엇이란 말인가. 비누거품이 잘 일지 않는 비누같이 되어버린 내 몸 안의 어느 부분을 더러 관(觀)해 보는 날도 있다.

창밖엔 느릿느릿 땅거미가 지고 있다. 세월이라고 하는 이름의 닫힌 그 문(門)안에 이렇게 나는 기대어 서 있는 것이다.

찻물을 끓이며

 우수가 지나서일까. 창문을 통해 들어오는 아침 햇살의 감촉이 벌써 다르다. 따뜻한 기운이 방안 가득 넘친다.
 오늘 아침은 일찍 잠이 깨는 바람에 다른 날보다 집안일도 빨리 끝났다. 이렇게 혼자 남아 있을 때, 내가 하는 일이란 주전자에 찻물부터 올리는 일이다. 웬일인지 오늘은 무슨 좋은 일이 있을 것만 같다. 눈을 감으면 묵은 매화나무 등걸에서 꽃잎이 벙그는 소리도 잡힐 듯하다.
 가스렌지의 파란 불꽃 위에서 '따르르 쏴아' 하고 주전자의 물이 끓기 시작한다. '소나무 스쳐가는 바람소리' 같다고 말한 이도 있지만 잘 들어 보면 그 안에서 유리구슬이라도 굴리는 것 같은 소리가 난다. 얼마간 이런 소리가 계속 되더니 주전자의 뚜껑이 들먹거리기 시작한다. 흥겹게 어깨춤이라도 추는 것일까.
 그때 비등점을 향해 약동하고 싶은 본능처럼, 무언가 알 수 없는 힘이 내게서도 끓어오름을 느낀다.

봄인가 보다.

작은 주전자의 입에서 하얀 김이 폴폴 오르기 시작한다. 점차 굵어지는 수증기를 보고 있자니 흰 깃발을 출발 신호로 하여 어디론가 떠나려고 하는 기차가 연상되는 것이다.

원고지를 앞에 놓고 그 네모칸의 어딘가를 향해 떠나야 하는데 서두에서부터 잘 풀리지 않을 때, 혹은 생각과 생각 사이의 이음새가 잘 이어지지 않을 때, 나는 어둠 속에서 출구를 찾듯 애꿎은 커피만을 연거푸 마셔댔다. 담배갑에서 꺼낸 담배 한 개비에다 성냥불을 그어대는 순간, 섬광처럼 '번쩍' 하고 얽혔던 실마리가 풀릴지도 모르는 일. 또 해질녘 간절한 술 한 모금이 목 안을 타고 퍼져 내릴 때, 막혔던 단서가 풀릴 수도 있으리라.

허나 여자인 내 경우에 있어서는 그것의 대체 방법으로 더욱 차를 마시게 되던 것이었다. 아무튼 찻잔을 손에 들고 멍하니 있기를 얼마만큼이나 거듭하여 왔던가.

어떤 이들은 담배 한 개비를 손에 들고 있으면 시간이 정지되는 듯한 기분이 든다고 말하지만 나는 그러한 정지 효과나 시간의 흐름 같은 것은 염두에 두지 않은 채, 그저 멍하니 무념(無念) 속으로 빠져들 때가 많았다. 그런 때에는 으레 찻잔이 내 옆에 놓여 있기 마련이었다.

배가 고플 때, 밥처럼 배를 부르게 하는 것도 아니요, 그렇다고 몸에 이로운 것도 아닌 커피를 왜 그토록 마셔댔는지 알 수 없다. 태어날 아이의 얼굴이 까맣게 될까봐 걱정을 하면서도 '한 잔만' 하고 커피잔을 손에 들었다. 커피잔 위로 피어 올라오는 커피의 향기를 따라가다 보면 저만치 안개숲이 걷히고, 젊은 날의 시간들이 재잘대면서 내 앞으로 다가오는 것이다. 기억 속으로 시간의 순례를 떠나본다.

학기말고사 대신 제출해야 하는 리포트를 쓰면서 빈 속에 줄커피를 마셔대서인지 눈 밑의 가벼운 경련과 함께 그런 날은 걸음도 모아지지 않았다. 마음이 춥고 배가 고플 때에는 손에 감싸 쥔 차 한 잔의 온기가 도움이 될 때도 있었다. 또 어떤 날은 남의 담벼락 밑에서 동사(凍死)한 성냥팔이 소녀가 무수히 그어댄 짧은 불꽃 속에서 보았다는 그 환영을 나도 만날 수 있을 듯하였다. 이렇게 한갓 물에 지나지 않으면서 허기를 채워 주고 때로는 한기(寒氣)마저 녹여 주던 차는 물 이상의 힘을, 아니 마력을 지니고 있는 것 같았다.

차란 사색에 유익하다는 말처럼 그것은 역시 육체 보다는 정신의 영역에 더 많이 접근되어 있음에 틀림없었다.

불에서 들어낸 주전자는 '치익 치익' 하고 몇 번 꺾는 소리를 낸다. 나는 침을 한 번 꿀꺽 삼키고는 억지로 한 박자를 늦춘다. 끓는 물을 붓다가 찻잔 밖으로 튀어 올라온 물 때문에 손을 델 뻔한 일이 여러 번 있었기 때문이다. 그런 때에는 내 자신을 향해 '서둘지 마라' 하고 타일러 보기도 한다. 도달하고자 하나 이르지 못하는 이런 증상은 능력에 비해 언제나 마음만이 앞서는 내 글쓰기에 있어서도 마찬가지였다.

설익은 밥을 푸다가 뜸들 시간의 여유를 기다리지 못한 성급함을 후회하면서 한 발자국씩 물러나자고 그때마다 다짐을 해둔 터이다. 그리하여 물의 기세가 가라앉기를 기다려 본다. 잠시 기다리는 그 사이도 나쁘지만은 않은 것 같다. 화선지를 널찍이 펼쳐 놓고 먹을 갈면서 무한히 비어있는 여백 앞으로 다가가려고 하는 사이, 찻물을 끓이면서 차를 마련하는 동작의 그 행간(行間)이 문득 살아있음을 느끼게 해준다.

우리집에서 차(茶)를 먼저 시작한 사람은 남편이었다. 나도 이젠 커피만을 고집할 수 없는 나이가 되었나 보다. 위가 받아주질 않는다. 해서 한두 잔 정도로 제한을 하고 있다. 어느 새 몸의 요구를 따라가야 하다니. 이렇게 까닭없이 마음이 허전하고 무료할 때, 그 모든 것을 받아들여야 할 때, 혼자 차를 드는 것은 우리가 저마다 앞으로 써 내려가야 할 원고지의 행간 어느 사이쯤에 멎어, 주변의 아름다움과 적막함과 사물의 깊이에 대해 마음을 기울이기 위한 행보(行步)의 쉼표 같은 것이라고 해두면 어떨까?

나는 선반의 유리문을 열고 차 가운데서 춘설차(春雪茶)를 꺼내 든다. 겨우내 눈을 머금고 인고(忍苦)의 세월을 견디어 낸 춘설차(春雪茶). 거기에서 삶의 의미를 되새겨도 좋으리라. 무엇 하나 쉬운 존재는 없다는 생각이 들었다.

차의 성(性)이 바로 '검(儉)'이라고 말한 이는 육우(陸羽)였던가. 차를 마시기 적합한 사람은 그래서 행실이 바르고 덕망을 갖춘 사람이라고 했나보다. 내가 앞으로 지향해야 할 바이기도 하리라. 무엇보다도 나는 사람의 기운을 가라앉게 한다는 그 쓴 맛과 사귀고 싶었다.

알맞게 끓인 물로 춘설차 한 잔을 우려내어 앞에 두고, 봄이 오는 길목에 앉아 본다. 아무것도 부러울 게 없다. 그냥 여백(餘白)으로써 족(足)하다. 그리고 점점 무미(無味)한 것의 편안함이 좋아진다. 질박한 찻잔을 두 손으로 감싸 드니 잔 바닥에 어리는 은은한 향기의 연두빛이 신비롭다. 가만히 들여다보니, 그 속에도 봄이 온 것 같았다.

작은 방(房)

 '슬픔 속에 성지(聖地)가 있다.'는 이 감명 깊은 글을 쓴 것은 오스카 와일드가 감옥에 있을 때였다. 그가 감옥에서 쓴 〈옥중기(獄中記)〉의 일절로, 체험에 의한 심장한 구절이라고 하겠다. 사람이 성(聖)스러워지는 것은 분명 고통 속에 있을 때이다. 그리고 우리의 영혼이 얼마나 승화되는가 하는 것도 그 고통과 시련에 비례하는 걸 알게 된다.
 얼마 전 '전통민속고을여행단' 어린이들을 데리고 안동 하회마을과 도산서원을 다녀왔다. 겨울비가 지적지적 내리는 가운데 감행된 업무의 일환이었지만 운 좋게도 거기서 퇴계 선생의 진면목(眞面目)을 만나는 듯한 감명을 받게 되었다.
 "고인(古人)도 날 못보고 / 나도 고인(古人) 못뵈 / 고인(古人)을 못뵈도 / 녀던 길 앞에 있네."
 그 녀던 길을 따라서 해질녘 우리는 도산서원에 닿았다. 고인(古人)이 강론(講論)하시던 농운정사와 생전에 기거하시던 도산서당을 둘러보았다. 암서헌(巖棲軒) - 그 작은 방(房) 앞에 서서 나는 발이 떨어지질 않았다.

6년쯤 되었던가, 제주도의 추사(秋史) 선생의 적거지(謫居地)를 찾았던 때가. 그때도 부실부실 3월 봄비가 내려서 으스스한 감기 기운으로 물어 물어 찾아갔었는데 선생이 거처하시던 방이 손바닥만하였다. 그 답답 울울한 심정을 어찌하셨을꺼나하고 생각하니 가슴이 메어왔다. 산은 연이어 멀리 비켜나 앉고 묵묵한 하늘은 정적(靜寂) 그대로였다. 55세의 나이로 유배(流配)되어 9년 동안을 그 작은 방에 갇혀서 사셨다.

여기서 선생은 부인 이씨(李氏)의 부음을 듣고 애서문(哀逝文)을 썼다.

'…대체로 사람마다 죽음이 있거늘 홀로 부인만 죽음이 있지않을 수 있으리요만, 죽을 수 없는데 죽은 까닭으로 죽어서 지극한 슬픔을 품게 되었고, 기막힌 원한을 품게 되었을 것이오. 그래서 장차 뿜어내면 무지개가 되고, 맺히면 우박이 되어 푸른 바다 넓은 하늘에 한(恨)스러움만 끝없이 사무친다오.'

선생의 절규가 들리는 듯하였다. 유배의 절망감, 상처(喪妻)의 비통함, 고해절도(孤海絕島)의 고독 속에서 〈세한도(歲寒圖)〉는 그렇게 피어났다. 마치 선생이 가슴에서 뿜어낸 무지개처럼 그 작은 방에서 탄생되었던 것이다.

  나는 묵념하듯이 오랫동안 그 방 앞에 서 있었는데 이번 도산에 와서도 그랬다. 남달리 명조(命造)가 불우했던 퇴계 선생.

  태어난 이듬해에 아버지를 잃고 스물 일곱 젊은 나이에 상처(喪妻)를 하며, 46세에 두 번째 부인과도 사별(死別)하게 된다. 37세에 모친상(母親喪)을 당하고 48세에는 아들의 참상(慘喪)까지 겪는다. 칠십 나이로 생을 마칠 때까지 24년 동안을 이 작은 방에서 무슨 생각을 하며 비통한 심정을 어루어 나가셨을까. 잠시 그분의 심중을 헤아리며 정황을 유추해 본다.

  생활은 검소한 것을 기본으로 하여 세숫대야는 질그릇을 썼고, 앉는 데는 부들자리를 깔았다고 한다. 영천군수 허시(許時)가 "이렇게 비좁고 누추한 곳에서 어떻게 견디십니까?" 하고 물으니 "오랫동안 습관이 되어 어려운 것을 모릅니다."라고 대답했다 한다.

  참으로 그 동안 내가 투정해 오던 불편은 가난이 아니었다. 못난 사람의 주제넘은 푸념인 것으로 크게 부끄러웠다. 선생은 어묵동정(語默動靜)이 매우 쉽고 분명했으며 겸허한 것으로 덕(德)을 삼아서 털끝만큼도 거만함이 없었다고 전한다. 오로지 학문 연구와 제자 가르치기에 전념하였으니 문하(門下)의 제자가 368명, 김성일, 이산해, 정구, 허엽 등이 배출되었으며, 유성룡 형제가 이곳에 와서 〈근사록(近思錄)〉을 읽었고, 율곡이 찾아와서 사흘 동안 묵고 갔다.

한석봉이 썼다는 도산서당의 편액을 보면서 암서헌의 빈 방을 카메라로 훑듯이 눈으로 좇아가 보았다.

방 가운데 서북쪽 벽에 서가를 만들고 서면은 격장을 두어서 반은 침실로 하였으며, 고서(古書) 천 여권을 좌우로 서가에 나누어 꽂았다. 매화분 한 개, 책상 한 개, 연갑 하나, 지팡이 한 개, 침구·돗자리, 향로, 혼천의를 두었다. 남벽 상면에는 가로로 시렁을 걸어 옷상자와 서류 넣는 부담상자를 두고 이밖에 다른 물건은 없었다고 전한다.

선생이 혹 참고할 것이 있을 때는 몇째 시렁, 몇째 줄, 몇째 권을 빼내 오라고 명하여 빼놓고 보면 한치의 착오도 없었다고 제자들은 말한다. 선생의 인품과 체취가 남겨져 있는 듯한 이 암서헌은 겨우 삼간(三間)이었다.

초가 삼간의 얘기를 하자면 세종대왕을 또 빼놓을 수 없다. 세종은 경회루 동편에 쓰다 남은 재목을 이용하여 별채를 지었다. 돌주추도 쓰지 않고 지붕도 초가 지붕으로 간소하기가 이를 데 없었으며, 늘 그 집에서 검소하게 지냈다고 〈국조보감(國朝寶鑑)〉은 기록하고 있다. 세종께서 이곳 삼간(三間) 초가(草家) 별채에서 훈민정음 창제에 골몰하셨으니 여기가 바로 한글의 산실이요, 역사의 현장이 되는 것이다. 이렇듯 작은 방에서 그들은 훌륭히 존재하고 있었다. '세한도(歲寒圖)'가 피어나고 '도산(陶山) 12곡'이 음영되었으며, '한글'이 태어난 이 작은 방.

그런데 우리는 어떠한가?

초옥 삼간에 비하면 대궐 같은 집에서 '존재'는커녕 숫자 싸움과 숫자 놀음에만 빠져있는 덩치 큰 우리들은 정신적 어린애가 아닐는지?

슬픈 생애 속에서 자신의 성역(聖域)을 스스로 구축해 나아간 그분들을 추모하면서 문득 매운 바람을 온몸 가득히 맞고 싶었다. 존재의 순간이란 아마 이런 한기(寒氣)가 아닐까 하는 생각도 하면서.

썩는다는 것

쓰레기를 버릴 때였다.

분리대 앞에서 쥬스병, 깡통 등을 제자리에 집어넣고 돌아서려는데 스티로폼 위에 '이것은 썩지 않는 물건임'이라고 쓴 것이 눈에 띄었다. 쓰레기 종량제가 실시되면서부터 내게도 큰 문젯거리로 다가온 것은 그 썩지 않는다는 품목들이었다.

과일상자의 뚜껑을 열거나, 가전제품을 꺼내려고 밀봉한 테이프를 뜯어 보면 그 속에 카세트나 가스렌지, 전기밥솥은 하얀 스티로폼에 둘러싸여 있기 마련이다. 도착할 때까지 그 물건들의 안전을 지켜준 고마움에도 불구하고 들어내어지는 순간 그것들은 쓰레기로, 그것도 골치 아픈 쓰레기가 되고 마는 것이다.

덩치가 큰 물건들, 옷장이나 냉장고, 식탁 같은 것은 동사무소에 폐기신고를 해놓고도 돈을 얹어서 내버려야 하는 실정이다. 소유가 구속이 되고 구속은 번거로운 절차로 우리를 괴롭히고 있는 것이다. 필요악(必要惡)일 수밖에 없다고 이해해 보지만 언제나 뒤끝은 개운치 않다.

　내가 새댁이던 시절, 그러니까 삼십 년 세월을 거슬러 올라가 월남치마가 유행을 하던 당시, 나 또한 긴 치마를 입고서 목요일 오후가 되면 골목 안으로 들어오는 종소리를 기다려야 했다. 청소차 아저씨들의 반가운 그 종소리가 들리면 남 먼저 뛰어 나가야했기 때문이다. 그 당시 쓰레기란 연탄재가 대부분이었는데 양동이에 담긴 연탄재 다섯 장도 내게는 쉽지 않은 무게였다.

　이럴 때, 고무 다라이나 함지박에 가득 포개 담은 연탄재를 머리에 이고 유유히 나타나는 아주머니들이 여간 부러운게 아니였다. 그들은 한 번이면 될 것을 나는 두서너 번씩 잔걸음을 쳐야했기 때문이다. 가슴팍까지 겨우 들어올린 양동이를 거뜬히 받아주던 아저씨들은 언제나 기분 좋은 얼굴을 하고 있었다.

　며칠 전, 외출에서 돌아오는 길이었다. 아파트 마당 안으로 들어서니 무리를 지어 선 여자들이 웅성대고 있는 모습이 눈에 들어왔다. 투박한 어투는 고조되고 있었다. "누구의 짓인지, 기어이 찾아내어 혼찌검을 내주고야 말겠다" 는 결의에 찬 목소리들.

　규격봉투를 사용하지 않은 쓰레기가 발각이 되었다고 한다. 그래서 앞으로는 이 아파트의 쓰레기는 치워가지 않겠다는 청소차 아저씨들의 일갈이 있었다는 것. 열흘이 넘도록 쓰레기는 아파트 마당에 그대로 방치되어 있었다. 넘쳐난 쓰레기더미 앞에서 코를 싸매다가 이러고 있는 내 자신의 모습이 문득 우습다는 생각이 들었다.

"무엇이 부처입니까?"

"똥막대기니라."

선(禪)문답에서 들은 이야기가 생각났다.

다용도실에서 쓰레기 봉지를 들어내며 어느 날은 인간과 쓰레기의 함수관계를 생각해 보게 되던 것이다. 또 어떤 날은 살아 있다는 것이 쓰레기의 무게로 체감(體感)이 되는 수도 있었다. 밥값이나 하고 사는 것인지, 쓰레기나 만들어 내는 가죽푸대는 아닐는지? 별 수 없는 한계 앞에서 자문을 해보게 되는 것이었다. 목동으로 출퇴근을 하며 난지도 앞을 지나칠 때에는 언제나 민망한 마음이 되곤했던 게 떠올랐다.

엉뚱하게도 나는 또 이런 생각을 해본 적이 있었다.

신호등 앞에서 파란불을 기다리고 서 있는데, 거짓말같이 금새 많은 사람들이 건너편에 모여들었다. 오십 년 후면 저들 중의 태반은 아마 죽어 있으리라. 그러면 모두 귀신이 될 터인데 저들을 귀신이라고 한 번 가정해 보는 것이다. 거리를 행보(行步)하고 있는 귀신, 점원 아가씨와 멀쩡하게 물건을 흥정하는 귀신, 식당 바로 내 옆자리에서 수저를 드는 귀신, 아무래도 안되겠다. 역시 없어져야 할 것은 없어지고, 떠나야 할 때는 떠나야 하며, 썩을 때는 완전히 썩어서 없어지는 것도 얼마나 유덕(有德)한 행위인가를 알게 한 것이다.

 멈춤없이 자라나는 나뭇가지의 높이를 한 번 생각해 보라. 한 번도 자르지 않은 흑단의 머리채나 가령 15cm가 넘는 손톱이 있다고 가정해 보라. 그리고 우리의 시신이 썩지 못하고 물에 퉁퉁 불어있다고 한 번 상상해 보라. 얼마나 끔찍한 노릇인가. 그러니 흙과 동화(同化)된다는 사실이 얼마나 고마운 축복이며, 한편 자연의 이법(理法)에 가까운 것인가를 생각하기에 이른다.

 낙엽은 가을이 되면 제 발밑둥으로 돌아가 새잎을 틔워내는데 제 몸을 던져 자양분이 되고 있다. 이렇게 잘 썩었을 때는 한 알의 밀알처럼 밑거름이 되는 것도 있지만 그렇지 못한 경우에는 악취를 풍기면서 유독(有毒)한 것으로 바뀌어지기도 한다.

 이러고 보면 그 썩는다는 것에도 여러 등급에 다양한 양상이 있다는 것을 알게한다. 이(利)로운 것이 있는가 하면 해(害)로운 것이 있고, 썩어 없어지는게 있는가 하면 곰삭아 더욱 쓸모있게 되는 것도 있다. 먹다 남은 찬밥이 식혜가 되는가 하면, 어느날 사과나 감이 식초로 변하고 흉측한 냄새를 피우던 메주가 된장으로 훌륭하게 변신하는 예가 그것 등이다. 또 콤콤한 냄새를 피우던 우유가 어느날 치즈나 요플레로 변하는 것은 부패(腐敗)가 부패로 그치지 아니하고 한 단계의 상승적(上昇的) 작용을 일으킨 때문이기도 하리라.

포도주의 감미(甘味)나 꼬냑의 아름다운 향기도 쉽게 완성되었다고는 생각지 않는다. 수십 년씩, 그것들은 땅 속에 묻혀 숙성되고 발효되는 그 간단 없는 과정들을 거치고 난 다음이었다.

사람의 경우에 있어서는 땅 속 긴 어둠 속에서 나온 매미처럼 자신의 한꺼풀 허물을 벗는 것이다. 두꺼풀 세꺼풀에 가닥도 없이 삭아내리는 아픔. 그리고는 까닭도없이 흐르는 눈물.

진흙밭에서 피어 올라온 연꽃처럼, 깊은 침묵의 늪에서 절망은 오히려 한 폭의 그림으로, 때로는 한 자락 노래로 피어나던 것이리라. 이러한 진통(陣痛)의 발효기간과 내적(內的)인 자기 발열(發熱)이 없이는 어떠한 향기도 완성될 수 없다는 것을 알게 되었다.

원형의 형체가 상(傷)하려 할 즈음, 그만큼의 시간을 농익어야 비로소 과즙(果汁)의 향기는 완성되는 것일까. 내면(內面)의 풍화

작용(風化作用)이 있은 뒤에야 비로소 겸양과 은은한 자애(慈愛)의 향기가 드높게 되는 것을 본다.
 아! 썩는다는 것.
 이제 보니 그것은 완성으로 가는 유덕자(有德者)의 뒷모습같은 것이었다.

나이의 무게

어젯밤 '개인 파산'을 신고하고 돌아서 가는 어느 노인의 뒷모습을 TV 화면은 오래도록 비춰주고 있었다. 그의 걸음은 다소 홀가분한 듯 보였으나, 세상 밖으로 밀려난 것 같은 허허로움이 그대로 발길에 실려 있었다.

"차마 목숨을 끊을 수가 없었다"던 그의 말 속에는 자살하지 못한 사람의 용기없음을 자책하는 기운이 담겨 있는 듯했다.

요즘, 자고나면 늘어나는 '아버지의 자살' 보도. 나는 속으로 편치못했다. 그러면서 아버지가 자살하실까봐 애쓰던 어두운 내 마음 속 풍경이 떠올랐다. 풍랑(風浪)이 유독 심하던 아버지의 후반생(後半生). 몇 차례의 고비를 넘길 적마다 자살을 하시지 못하게 막아야한다는 강박관념에 나는 눌려있었다. 지금은 고인이 되셨지만 열(熱)에 떠있는 생애였다.

아버지는 일본의 작가들 중에서도 아리시마 다케오(有島武郞)을 좋아하셨는데 그도 자살을 하였다. 우리나라 시인 이장희는 그의 죽음을 '무사기(無邪氣)한 천진스러움'이라 칭찬했으며, 고월(古月) 역시도 스물아홉의 짧은 생애를 자살로 마감하였다.

일본인들은 자신의 목숨을 무슨 벚꽃의 낙화(洛花)라도 되는 것처럼 산뜻하게 날려 버리기를 잘하며, 무사도(武士道) 정신 때문인지 이름(名)을 위해서라면 그들은 할복도 주저하지 않았다.

나는 가미가제 비행(飛行) 특공소년들의 장렬한 최후를 화면으로 보면서 박수를 보낸 적도 있었다. 뿐만 아니라 개자추(介子推)가 노모를 끌어안고 버드나무 아래에서 타 죽을지언정, 자신의 공과나 명리(名利) 따위를 위해 밖으로 나오지 않았던 그의 고결을 숭상하며 찬탄해마지 않기도 하였다.

그리고 한편 관중(管中)이 "전쟁터에서 전사하지 못하고 비굴하게 살아 돌아 온 것은 노모(老母)가 있었기 때문인데, 그것을 포숙아(鮑叔牙)가 알아주었다"고 말했을 때, 나는 그를 경멸해 버리고 말았다. 그러나 목숨이란 한마디로 쉽게 척결해 버릴 수 없는, 그 이상의 무엇이었던 것이다. 요즘 역사적 인물의 죽음을 들추어 보면서 그 같은 나의 생각들은 서서히 바뀌기 시작했다.

세 살의 어린 나이로 청나라 황제에 즉위한 푸이(溥儀). 신해혁명이 일어난 1911년, 그의 퇴위와 함께 중국 왕조는 막이 내려지고 그는 전범(戰犯)이 되어 중국 포로수용소에 갇혀 15년을 더 지내야 했다. 그후 교육 개조를 거쳐 정부의 특사를 받고 중화인민공화국의 공민(公民)이 되었을 때는 이미 나이 53세. 식물원의 기계수리 상점에서 일을 하며 자연사(自然死) 할 때까지 이어져 온 그의 삶은 구차스럽기가 말할 수 없었고, 56세에 재혼한 그의 아내 이숙현에게 "이 몇 해동안 생의 진정한 즐거움과 진정한 사랑을 알게 되었소!"라고 하던 병상에서의 마지막 말들이 왠지 가슴을 뭉클하게 하였다.

선조의 뒤를 이어 15년 동안 재위에 있었던 광해군은 많은 치적에도 불구하고 인목대비사건(인조반정) 등으로 쫓겨나 강화도 동문쪽에 위리안치(圍籬安置)되었다. 폐세자와 폐세자빈은 서문쪽에 위리안치되었다.

폐세자는 어느날 담 밑에 구멍을 파고 탈출을 시도하다가 붙잡히게 된다. 나무 위에서 망을 보던 세자빈은 그만 놀라서 땅에 떨어졌고, 그후 3일 동안 식음을 전폐하더니 목을 매달아 자결하고 말았다. 폐세자도 스스로 목숨을 끊었다. 왕비마저 홧병으로 인해 곧 세상을 떠났다. 그래도 광해군만은 혼자 살아 남아서 절도(絶島)에 갇힌 채, 18년 동안의 구차한 삶을 이어왔다. 국내외의 정세에 따라 태안으로, 또 강화도 교동으로 몇 번 이배(移配) 되었다가 멀리 제주로 옮겨져 67세로 목숨을 마칠 때까지 그 곳에서 살았다.
 처음 섬에 올 적에 배의 사면을 휘장으로 가리고 목적지를 비밀로 하였으므로 어딘지 모르다가 땅을 딛고 내리자 "내가 어찌 여기까지 왔느냐" 낭패해 하며 크게 울었다고 한다. 그러나 차츰 단념하며 묵묵히 지내게 되었다. 따라간 계집종이 패악하게 말을 함부로 하고 윽박질러도, 자신을 데리고 다니는 별장이 윗방을 차지하고 아랫방에 거처하게 하여도, 그는 아무런 내색도 하지 않고 잠자코 견디었다.
 그런데도 나는 그들의 구차한 삶을 나무랄 수가 없었다. 아니 오히려 자신의 명(命)보다 명(名)을 중시해 온 개자추의 죽음에 대해 은근한 회의가 일어나기 시작했다.
 자신의 명예나 이름 따위가 다 무어라고 노모를 죽게 하다니! 자신의 그러한 이기심 보다는 욕되게나마 노모 앞에서 살아 돌아온 관중의 그 깊은 마음이 더 장하게 헤아려지는 것이 아닌가. 힘든 삶을 죽지 않고 살아내기가 더 어려운 것임을 알게 된 나이가 되어서일까? 아니면 어느덧 내가 그들 어머니의 나이에 가까워져서이기 때문일까?
 화로의 남은 불씨 뒤적이듯 생각의 갈피를 더듬어 본다. 그렇다. 단칼에 무를 잘라내듯, 그렇게 떼어내 버릴 수 없는게 인생이며 또한 목숨이라는 생각이 드는 것이다.

   십년 전, 임종의 병상에서 내게 하신 아버지의 말씀.

   "어디서 보니, 내 정명(定命)이 일흔 둘이라고 하더라!"

   나는 그때 그 말을 굳게굳게 믿고 싶었다. 그러니까 아버지는 정명을 사신 셈이다.

은행나무

요 며칠 사이에 거리가 환해졌다. 가로수에 불이 들어온 듯.

칙칙한 녹음(綠陰)에 갇혀 있던 나뭇잎들이 일제히 자유를 선언하고 영혼의 높은 비상(飛翔)을 위해 발돋움이라도 하였는지 나무란 나무는 온통 환하게 걷혀있다. 내명(內明)한 어느 정신을 보는 듯 하다.

잠시 가던 길을 멈추고 나무 위를 올려다 본다. 처음엔 형태도 가늠할 수 없던 꼬물꼬물하게 엉겨붙은 망울이더니, 하루가 다르게 자라 고놈들이 주먹을 펴면 앙증맞은 은행잎이 되고 상수리 나뭇잎이 되고 또 벚나무 이파리가 되곤 하였다.

어린 연두로 시작하여 아예 시커먼 녹음이더니 한 생(生)을 살고 난 듯, 화사한 노란 빛깔로 혹은 선연하게 붉은 주홍색으로 돌아와 이제 제 몸에 단풍을 허락하였다. 완성으로 가는 이의 뒷모습을 보는 것 같다.

손으로 짚어보니 벌써 13년이나 된다. 종합병원 중환자실에서

였다. 정신에 불이 반짝 들어온 듯, 눈에 힘을 모으고 아버지가 말씀 대신 손을 흔들어 우리에게 작별을 고하시던 것이. 침대를 에워싼 우리 형제들이 모처럼 다 모인 밤이었다. 실제적으로는 임종의 순간이나 다름 없었다. 연락을 받고 놀란 막내동생은 멀리서 비행기를 타고 날아왔다. 한 사람씩 한 사람씩 아버지는 눈을 맞추며 웃음으로 눈도장을 찍으셨다. 그리고는 할 일을 다 하신 듯 이내 깊은 정(入定)에 드셨다. 그때부터 혼수였다.

나는 그 해, 추석 차례를 모신 이튿날이 되어서야 아버지를 뵈오러 친정엘 갔다. 식사를 통 드시지 못했다. 그날따라 처음으로 꺼내신 당신 젊은 시절의 이야기를 들려주시며 이상하게 붙잡으셨다. 곁에서 모시고 오랜만에 하루해를 보냈다. 집으로 돌아올 차비를 할 즈음이었다. 아버지는 달력을 주시하더니 "언제쯤 죽을까?" 하고 나를 멈춰 세우신다. 너무나도 범상한 말씀이어서 또 괜히 그러시나보다 하였다. 달력은 10월의 날자들을 가득 열어놓고 있었다. 노환(老患)일 뿐, 그러니 괜한 말씀이겠거니 하면서도 별안간 숨이 막혀왔다.

"한 10월 25일 쯤 죽을까?"

그 하루 전날은 언니네 혼인이 있는 날이었다. 외손자의 결혼식을 감안하여 짐짓 하루를 늦춰 말씀하신 것인가보다 하였다. 그러나 어디 그것이 마음대로 되기나 할 법한 일인가? 나는 속으로 부아가 나서 '아버진…?' 하고 책망어린 눈빛으로 얼굴을 찡그렸다.

"아니야. 추우면 땅 파기도 나쁘고 너희들 고생 시키면 안돼. 또 우리 아무개도 이 달에 죽었지."

중학교 1학년 때 세상을 떠난 남동생을 여태까지 아버진 가슴에 묻고 계셨다. 그러나 일주일 뒤, 집 가까운 병원의 응급실로 들어가셔야 했고 그리고 열흘이 지난 10월 25일, 당신의 말씀대로 바로 그날 오후에 유명을 달리하셨다.

세수는 72세. 그것은 당신의 정명(定命)이라고 말씀하신 나이이기도 하였다. 손수 준비해 놓은 유택(幽宅)에 들어가는 걸 무척이나 기쁘다고 말씀하셨다. 새로 사 둔 와이셔츠에 넥타이를 매드리고 지정해 놓은 양복을 꺼내 입혀드렸다. 구두는 정성껏 닦아 신겨 드렸다. 그분의 뜻이었다. 울지도 말라고 당부하셔서 우리는 조금 울었다.

장례를 마치고 돌아나오는 길목에 환하게 서 있는 은행나무 한 그루와 눈이 마주쳤다. 황금빛으로 눈이 부셨다. 그 노란 나뭇잎이 바로 내 어깨 위에 가벼이 떨어졌다. 아버지가 그날 밤 흔드시던 손인사 처럼.

나는 지금 은행나무 아래에 서있다. 말할 수 없이 가슴이 뛴다.

추석 무렵

 삽상한 기류(氣流)가 서(西)로 흐르고 있다.
 사람을 더욱 홀로이게 하는 계절. 울타리 밑에서 피어 올라오고 있는 작은 망울들의 소국(小菊)을 보노라면 포병객(包病客)이 지병(持病)을 아끼듯, 생(生)의 언저리를 쓰다듬고 싶어지는 건 나만의 버릇일까? 언제나 추석 무렵이 되면 가을의 문을 여는 주문이라도 되는 것처럼 '추석 무렵이다'를 불러본다. 그것은 알 수 없는 무엇에 대한 그리움이자 내게는 말로는 다 풀어낼 수 없는 실꾸리에 서린 아픈 응집과도 같은 것이다.
 삼십 여년도 더 지난 일이다. 아버지의 좌절과 돌연한 어머니의 별세로 마치 문짝이 달아난 것 같은 집안에서 동생들만 데리고 맞이하게 되었던 명절날 아침. 하늘은 저쪽으로 멀리도 달아나 있고, 소슬함 마저도 한기(寒氣)나 보탤 뿐, 올망졸망한 동생들의 자태를 투명한 햇살은 더욱 극명(克明)하게 드러내 주고 있었다.
 처연(凄然)하던 가을날 아침.

상제(喪制)인 우리들에겐 마침 어머니의 49재가 되는 무렵이기도 했다. 열다섯 살도 안되는 어린 세 동생들 앞에서 마음놓고 울 수도 없었던 그 무렵, 둥지에 제비처럼 날아든 한 통의 편지. 그건 멀리 제주도에서 보내온 K시인의 긴 편지였다.

'추석 무렵이다. 손을 씻고 돌아와 향을 사르고 이 글을 쓴다…' 로 시작된 간곡한 조문(弔問). 슬픔 밖에는 아무것도 없던 그 순백(純白)의 일상을 헤집고 '추석 무렵이다' 라는 말이 그때 너무 깊게 들어와 앉은 탓일까. 그 후부터 그건 진공(眞空)의 울림처럼 내게 하나의 의미있는 부호(符號)가 되어 버렸다. 이따금씩 바람같은 엽서는 계속되었다. '관(棺) 같은 일실(一室)에서 나는 지금, 썩고 있다.' 라는 글귀와 함께.

이 시구를 지금도 기억하는 건, 머지않아 나 역시 이 글귀의 심정이 되어 살아왔기 때문이다. 결국은 서모 집에 가 계신 아버지한테 동생들 셋은 들어갔고, 내 가슴의 절반쯤은 산사태가 되어 내렸으며, 알 수 없는 외톨이로서의 고단(孤單)한 생활이 시작된 것이다.

텅 비어 있음 밖에는 생각나지 않는다. 상당한 이유로 집을 떠나야했던 아버지는 서모의 집으로 안주하시고 주변이 없으신 어머니와 동생들을 위해 나는 가장(家長)이 되느라고 어머니 몰래

졸업을 1년 앞둔 학교에 휴학계를 내고 돌아왔다. 그 후 복학을 권유하는 김옥길 총장의 편지가 두어 번 더 우송되었다. 그러나 겨우 자리잡은 직장을 그만둘 수는 없었다. 스물한 살의 그 소슬하던 가을 하늘을 어찌 잊을 수 있을까.

그간 가족들을 충실히 부양해 왔음에도 어느날 그 가족들에게 버림당하여 구석방에 갇혀 버리고 마는 '그레고리삼사'(카프카의 변신)가 된 기분이 들기도 하였다. 아버지와 계모는 그때 철저하게 나를 고립시켰다. 갑자기 가족을 잃고 멍하니 '상심벽(傷心碧)'의 그 푸르디 아픈 하늘을 올려다볼 뿐이었다.

운수지심(雲水之心)으로 극락암의 경봉선사를 찾아뵙기도 하고, 하야시 후미꼬(林芙美子)의 〈방랑기(放浪記)〉를 읽으며, 해질녘 일본 전후(戰後) 세대의 고아가 부모를 그리며 불렀다는 노래 '오까아상 고이시이'를 그때 나는 자주 웅얼거리기도 했다.

동국대 불교철학과에 적을 둔 것도 그 무렵이었다. 그때 자취를 하던 방에도 만월(滿月)은 쏟아져 들어왔고, 빈 방에 냉수 한 사발처럼 앉았던 그때도 추석 무렵이었다. 남의 눈에 띄일까 불도 켜지 않은 채, 촛불 아래에서 밤새 책을 읽었던 기억이 새롭다. 그것밖에는 달리 할 것도 없었지만 왠지 허기(虛氣)와 함께 잠에 들지 못했기 때문이다. 그러면 그럴수록 더없이 맑게 깨어나는 정신.

그때 한산(寒山), 습득(拾得)의 시를 읽으며 노트에 뽑아 두었는데 찾아보니 1966년 9월29일이라고 명기(明記)되어 있다.

뱁새도 제 한 몸 편히 쉬기엔 나무 한 가지(一枝)면 족하거늘 그 나무 한 가지를 아쉬워했던 때였다.

풀잎 잎마다 이슬에 눈물짓고	泣露千磐草
소나무 가지마다 바람에 읊조린다	吟風一樣松
내 여기 이르러 길 잃고 헤매나니	此時迷徑處
그림자 돌아보며 '어디로?' 물어보네	形問影何從

이것은 한산자(漢山子)가 나를 두고 쓴 것이 아닐까 하는 생각이 들 정도로 당시의 내 심경을 잘 대변하고 있었다. 풀잎은 잎마다 눈물 지우고, 소나무 가지는 가지마다 바람에 한숨이었다. 어둠에 묻히는 신호등 앞에서 '어디로?' 되묻기를 문득 문득.

"체머리를 흔드는 것이 어찌타 버릇이랴." 던 김삿갓도 그때 온전히 이해가 되었다. 지금도 길을 걷다가 '어디로?' 하며 자주 걸음을 멈추게 되는 건, 아마 그때의 버릇인지도 모르겠다.

그림자 하나 이끌고, 그저 망연할 수밖에 없었던 텅 빈 공간에 그때 달빛만 가득 들어차서 나와 맞닥뜨린 건 서슬 푸르던 밤의 하나의 차가운 실체(實體), 그것과의 만남이었다.

빈 방, 그리고 달빛. 그래서 이후부터 '추석 무렵이다' 라는 말은 하나의 '실존(實存)'을 뜻하는 부호(符號)로 내게 남게 되었는지도 모른다.

밤이 환한 지금도 삽상한 추석 무렵이다. 말할 수 없이 그때가 그리워진다.

흰구름이 흐르던 언덕

눈밭에 발자국을 찍듯, 수유리 4·19탑 아랫마을에서 잠시 머물던 적이 있었다. 삼십여 년 전의 일이다. 그때는 인가도 많지 않았고, 길도 직선대로가 아닌 곡선으로 좁게 구부러져 들어갔으며, 비 오는 날이면 땅이 질어서 신발이 엉망이 되어버리곤 했다. 버스가 대지극장을 지나 수유 사거리에서 '화계사 입구'의 팻말을 보고 몸을 틀면, 거기 늠름하게 잘생긴 산이 불쑥 눈 앞에 다가서곤 했다.

그때 내 신분은 명색이 학생이었다. '가족 없음' '직장 없음' 있는 건 아무것도 없었다. 지금 생각하면 형편도 안되는데 직장을 퇴직하고 홀가분한 자유 속에서 부린 만용이었다고나 할까. 집으로 돌아오는 버스에 앉아 있으면 이런 노래도 흘러나왔다.

홀로 살고파 왔을까
홀로 울고파 왔을까

돌아가지 않는
길 잃은 철새

　어스름한 차창에 성큼 어둠이라도 내려버리면 그만 가슴이 덜컹 내려앉는 것이다. 어서 밤이 되는 편이 더 나았다. 어둑신하게 날이 저물려 할 즈음이면 왠지 진정이 되질 않았다.
　산그림자를 길게 드리우며 내 앞을 '턱' 하니 막아서던 인수봉. 알 수 없는 어떤 절망감이 가슴 끝에까지 와 닿는 것이다. 걸음을 멈추고 마주 서 있어보면 어둠 속에서 서서히 드러나기 시작하던 보랏빛 능선. 길게 이어지던 그 능선의 꼬리는 내 시련의 어떤 끈과도 같아 보였다.
　손곱은 추위, 발을 동동거리며 낯선 골목 안으로 구부러들다가 걸음을 멈추면 아득한 전생의 어느 길목을 지금 더듬어가고 있는 것은 아닌가 하는 착각이 들 때도 있었다.
　남의 집 뒷방, 부엌도 없고 밥도 없고 작은 방의 네모난 벽과 그 앞에 면벽하여 동그마니 앉은 내 자신, 그리고 할 일 없음뿐이었다. 창문을 사납게 흔들던 바람 소리 속에서 그때 헤르만 헤세의 〈싯다르타〉를 읽으며 '서구 작가와 불교적 경향' 이란 제목의 글을 쓰기도 하고 〈채근담〉에 밑줄을 그으며 냉기를 잊으려고 애썼다.

그 무렵, 소설가 오영수(吳永壽) 선생께서 산보길에 어쩌다 들러주시곤 했는데, 방바닥에 손을 짚어보기도 하고, 또 어떤 날은 막내 아드님을 시켜 쪽지를 보내기도 하셨다. '고료를 탔으니 한턱 쓸께. 아무데로 나오너라' 는 전갈이었다. 선생댁은 11번 버스 종점, 개울 건너 솔밭 뒤에 있었다. 저녁까지 얻어먹고 밤이 늦어버린 시각이면 숙이(개)를 데불고 선생은 집 앞까지 바래다주셨다. 불교에 관한 책을 빌려가시기도 하고, 내가 좋아하는 작가를 여쭙자 일본의 나쓰메 소세키(夏目漱石)와 〈나라야마 부시고(楢山節)〉를 쓴 후카자와 시치로가 부럽다고 하셨다.

 인적이 끊어져 아무도 없는 데도, 달밤이어서 그랬던지 숙이는 컹컹 짖어대고 나는 선생을 따라 타박타박 걸으면서 아무 생각없이 그저 좋았다. 맏따님과 또래이던 나를 선생은 딸처럼 대해주셨다. 그리고 내가 결혼을 하던 날은 눈길에 아드님 건이를 앞세우고 남 먼저 찾아와 축사까지 해주셨다.

 결혼을 하자 나는 곧바로 시댁으로 들어갔다. 아기까지 우리 식구는 열두 명이었으나 밥 때가 되면 서너 명씩 불어나는 것은 예사였다. 서툴기만 한 큰 살림 속에서 헤어나지 못하고 있을, 그로부터 몇 해째가 되는 가을이었다. 뜰이 넓어서 마당에 떨어지는 낙엽 쓸기도 수월치 않은 일이었다. 하건만 이 일만은 누구에게도 양보하고 싶지 않았다. 남 먼저 일어나 낙엽을 쓸어모으는 일이 어쩌면 그 집에서 내가 제일 잘 할 수 있는 일인 것 같았다. 굽힌 허리로 마당을 한 바퀴 돌고 나면 훤하게 날이 밝았다. 방금 쓸린 마당의 고운 빗자국. 그것도 내겐 위안이 되어주었다. 장대를 돋우며 뒤란에서 푸새빨래를 널다가 마주치게 되는 파란 하늘, 아득히 저쪽에 어린 동생들 얼굴이 주르륵 떠오르는 날도 있었다.

안방에서 어머니와 함께 어우러지는 어린 시누이들의 깔깔대는 웃음소리. 잘 섞이지 못하고 있던 나를 더욱 실향민의 심정이 되게하였다. 그럴 즈음 낙엽처럼 엽서 한 장이 뚝 떨어졌다.

가을이 깊었다
소식없어 궁금하구나
언제 한 번 다녀가렴

낯익은 오선생의 필체였다. 사실 그 무렵, 손아래 동서를 들이면서 여러 가지 일로 마음이 상해 있었던 터였다. 누가 건드리기만 해도 울음이 터질 것 같은 상태였다. 그러나 돌전 어린애가 딸려 있어 외출같은 것은 꿈도 꾸지 못했는데, 그 엽서 한 장이 그만 마음의 파문을 일으켰다. 설거지를 도와주던 아이에게 어린 것을 맡기고, 외출복도 마땅찮아 한복을 입은 채 그냥 선생댁으로 달려 나갔다.

널따란 마당, 대문은 열려 있고 잔디밭도 그대로인데 왠지 그전처럼 나는 활발할 수가 없었다. 선생은 반가워하면서도 아무것도 묻지 않으셨다. 차를 만들어 내 주시고, 예전 그대로 담배 파이프에 던힐을 얹으신다. 무엇을 물으면 대답이 전부 곤란할 뿐이었는데, 글을 쓰는 분이라서인지 짐작만으로 아무것도 묻지 않으셨다.

"일어나자!"

나를 일으켜 세우는 어떤 결단의 의지가 느껴지는 듯한 어조이셨다. 점퍼 차림인 선생을 따라 나도 자리에서 일어났다. 대문의 왼쪽 돌담을 끼고 나가면 전부 소나무숲인데, 그 사잇길로 한참을 들어가다 보면 작은 언덕에 이르게 된다. 그 아래 몇 채의 인가가 나오고 자은정사 절 앞마당을 지나면 그 근처에 수령 오백 년이 넘었다는 은행나무가 서 있다. 바로 그 뒷편 언덕에 연산군의 묘가 있었다. 선생은 그리로 가고 계셨다. 낯 익은 길이었다.

역사 얘기에 신이 나서 톤을 높이던 내 목소리가 허공 어딘가에 남아 있을 듯싶어 사방을 둘러본다. 선생은 예전 그 장소에 올라가 자리를 잡고 앉으셨다. 말없이 나도 그 옆에 가 앉았다. 무덤 속의 부인, 신(愼) 씨가 적막한 연산군의 묘를 그나마 지키고 있는 듯이 보인다. 그들 둘은 지금 땅 속에서 무슨 대화를 나누고 있을까? 나는 태고 속으로 가라앉는 배처럼 침잠되고 있었다.

선생은 시가를 꺼내 불을 당기신다. 구수한 냄새가 사방에 번져난다. 눈 앞에 있는 잡목들은 생기를 잃고, 나뭇가지들은 숱 빠진 머리 밑처럼 헐렁해 보인다. 그런 것들은 계절 탓이거니와 달라진 게 있다면 내가 지금 한복을 입고 있다는 것, 나는 그런 점을 생각하고 있었는데 별안간 침묵을 가르며 "니, 저 구름 좀 보레이." 하신다. 선생은 여직 구름만 보고 계셨던 모양이었다. 올려다 본 맑은 하늘에는 과연 흰구름이 둥실둥실 떠가고 있었다. 목화솜 뭉치처럼 덩글덩글 피어오르다가 금새 다른 모양으로 바뀌면서, 모였다 흩어지고 뭉쳤다가는 풀어지고….

한참동안 구름만 보다가 돌아왔다. 그뿐이었다. 그런데 이따금씩 내 안에서 선생의 그 목소리가 되살아 날 때가 있다. 호젓한 어느 산보 길에서 문득 올려다 본 하늘이거나, 아니면 별 그리운 계절 벤치에 나와 있을 때, 그 여백으로 나지막히 들려오는 소리. 선생은 그때 무슨 말씀을 내게 하고 싶으셨던 것일까?

"니, 저 구름 좀 보레이."

그만 나는 콧잔등이 찡해져서, 그런 날은 빈 하늘가만 더듬게 되는 것이다.

간월기행(看月紀行)

조계사 앞에서 기다리고 있던 버스에 올라 일찌감치 자리를 잡았다. 현수막까지 확인했으니 오늘 밤은 간월도에 닿아 달을 볼 수 있으리라.

이제껏 수없이 보아온 달이건만 그래도 달을 보러 간다는 일이 왠지 가슴을 설레게 한다. 육십이 불원(不遠)인 이 나이에도 가슴 뛰는 일이 있다니…. 감정이 이렇게 슬며시 고조되고 만 것은 마음 속의 특별한 장면들이 달빛과 연관되어 있기 때문인지도 모른다.

오늘은 마침 시월하고도 음력으로 보름날이다. 달을 바라본다는 간월도(看月島)에서 나는 꼭 한번 만월(滿月)을 보고 싶었다. '현대불교신문 창간 2주년' 이란 작은 글자 밑에 고은(高銀) 소설 『수미산』현장 문학기행이란 표지를 확인한 동행들이 하나 둘씩 짝지어 버스에 오르고 있다.

소설 〈수미산〉의 현장인 간월암에서 오늘 밤 작가의 강연이 있다고 하였다. 그러나 염불보다는 잿밥이라고 나는 달에 더 비중을 두고 있었다. 자고 이래로 달은 참으로 많은 사람들의 예찬의 대상이 되어왔다. 시인묵객치고 달을 말하지 않은 사람이 어디 있으랴. 달은 시인들의 영감(靈感)의 원천이 되기도 하였다. 두보와 소동파, 윤선도와 김소월의 시구(詩句)를 우리는 아직도 기억하고 있다. 그중에서도 나는 이백의 〈월하독작(月下獨酌)〉을 좋아한다.

내가 노래하면 달님은 서성대고
내가 춤을 추면 그림자 셋이어라

이때에 만약 달이 없다고 가정해보자. 컴컴한 무대에 조명(照明)이 들어오지 않은 것과 같고, 배경음악이 빠져버린 영화와도 같으리라.
　이성(異性)을 잘 이해하지 못하는 나이에 나는 프랑스 영화「연인들」을 본 일이 있다. 달빛이 쏟아지는 숲 속에서 젊은 남자와 마주선 여주인공 잔 모로는 그때 '달은 여자'라고 낮게 읊조렸다. 소화하기는 어려웠지만 멋져 보이던 대사만은 지금도 기억할 수 있다. 그녀는 만난 지 하루밖에 안 되는 낯선 남자를 따라 달빛 속에서 집을 나서고 마는 것이다.

날이 밝은 다음날 아침의 후회 여부는 물론 의문으로 남았다. 그러나 굳이 죄를 묻자면 달빛에 돌리고 싶었다. 이렇게 도덕으로는 설명될 수 없고 간혹 논리로써도 납득될 수 없는 일이 달밤에는 종종 일어난다고 한다.

어쩌면 달은 에로스의 마력(魔力)이라도 갖고 있는 것은 아닐까? 늑대 청년의 슬픈 사랑 이야기 또한 보름달과 연관되고 있지 않은가.

달빛이란 이렇게 우리로 하여금 술을 마시지 않고도 곧잘 취하게 하는 힘을 가진 듯하다. 그래서 월하(月下)에서 매화를 보거나 미인을 만나면 더욱 유정(有情)해지고 월하(月下)에서 시를 논하면 더욱 아치(雅致)있게 된다고 하는 것도 달빛의 이러한 상승작용 때문일지 모른다.

달빛은 우리 감성의 밝기를 조절하는 장치도 갖고 있는 듯했다. 그리하여 달빛은 그 만나는 사물의 대상이 무엇과 무엇의 조응(照應)이냐에 따라 채도(彩度)와 감도를 달리 한다. 나는 어려서부터 허기나 어떤 결핍 속에서 만월을 바라보곤 했었다. 달을 보고 있으면 왠지 세상의 시름 따위는 작아지는 것이었다. 달빛은 때로 내 근원적인 존재에 대한 물음까지도 확인하게 해주었다. 항용 사람들은 자기가 앓아온 지병(持病)에 대해 애착을 갖게 된다고 말한다. 그래서 그런지 아득한 마음의 포구(浦口) 어딘가에 다시 서 보고 싶은 충동이 불현 듯 일어난 것도 그 때문인지 알 수 없다. 그것이 간월도라면 가능하지 않을까 하는 기대를 실상 나는 떨쳐 버리기가 어려웠다.

  캄캄한 밤이 되어서야 우리는 목적지인 서산 간월도에 닿을 수 있었다. 차에서 내려 갯벌을 조금 걸었다. 금세 조그만 암자가 나타났다. 섬은 보이지 않았다. 늦은 식사를 마치고 법당에 모인 시각은 밤 열한시. 1백여 명의 동참자가 들어앉은 곳은 20여 평짜리의 작은 법당. 서로 몸을 뒤채기도 어려웠다. 고은 선생은 '우주와 나'를 주제로 '불교와 문학'에 대한 강의를 하기 시작했다. 누가 주체이고 누가 객체인가? 선생의 열띤 강의는 26일 하룻밤을 지새고 다음날 새벽 1시가 지나서야 끝이 났다. 사람들은 제각기 흩어졌다. 숙소로, 바깥으로, 법당 안으로 자연스레 무리지어 나뉘어졌다.

  두말할 것도 없이 나는 달을 보러 밖으로 나갔다. 마치 연꽃 한 송이가 피어 있는 것 같다고 해서 연화대(蓮花臺)라고도 한다는 그 손바닥 만한 바위는 어느새 물에 둘려서 섬이 되어 있었다. 찬물에 금방 얼굴을 씻은 듯 맑디 맑은 달이 눈앞에 있다. 아!

달이다. 나는 소리내지 않고 말했다. 행사 주최측은 싱싱한 해물이나 먹으러 가자고 일껏 술자리의 동행을 청해왔지만 모처럼 달을 보러 온 것이기에 나는 아까운 자리마저 사양을 해버리고 말았다. 신문사의 최 국장과 잠시 실랑이를 하는 동안에 발 밑으로 물이 들어왔다. 우리는 양쪽으로 비켜설 수밖에 없었다. 한쪽은 물이 되고 내가 선 자리는 섬이 되는 게 아닌가.

간월암은 이렇게 해서 하나의 섬 자체가 되고 마는 것이었다. 잔잔한 물 속에 또 하나의 달이 들어 있다. 달을 머금고 은파(銀波)는 잔물결로 부숴지고 있다.

나는 하늘의 달과 수면(水面)에 잠긴 달을 번갈아가며 바라본다. 그때 '월인천강(月印千江)'이란 낱말이 떠올랐다.

선가(禪家)에서는 흔히 '견월망지(見月忘指)'를 말한다.

달을 보되 손가락 끝은 잊으라는 것. 여기에서의 달이란 견성(見性)을 지칭하는 말로 우리의 성품, 본래 자리를 보라는 뜻일 게다. 이곳 간월도(看月島)에 들어와서 달을 보셨다던 나옹선사, 무학대사 그리고 만공(滿空)스님은 과연 달의 무엇을 보셨을까?

연화대 위에 서서 나도 지금 하늘에 걸린 달과 물에 잠긴 달을 바라보고 있다. 그런데 보려는 달과 보여지는 달, 대체 누가 주체이고 누가 객체란 말인가?

나는 달을 바라보면서 소회를 얻고 싶어했으나 이상하게도 아무런 생각이 일어나지 않았다. 시간이 흐를수록 한기(寒氣)만 더해올 뿐, 허공(虛空)의 달과 나는 얼어붙듯이 그 자리에 멎어 있었다. 얼마나 시간이 흘렀을까? 오른편으로 조금 비켜나 앉은 달은 아직도 휘영청 밝고, 하늘은 그대로 손에 닿을 듯하다. 흐르는 강물, 천년의 시간도 한 순간일 듯. 그리고 영겁부터 그 자리에 있어 온 달과 나. 오직 묵묵히 하나였다.

그동안 달빛 어린 강물에서라면 그곳이 어디건 간에 나는 얼마나 유정(有情)해왔던가. 그런데 오늘 밤은 웬일인지 마음속에서 아무런 움직임의 뿌리조차 일어나지 않는 것이다.

"이제금 저 달이 설움인 줄을 예전엔 미처 몰랐어요."의 애상(哀傷)이라든가 "가앙물도 출렁출렁 목이 멥니다."의 정조(情調) 같은 것도 일어나지 않았다. 그렇다면 그것들은 다만 내 마음 안에서 물안개같이 피어오른 한 생각의 그림자였더란 말인가. 애상(哀傷)과 정조(情調). 아무런 감정도 일어나지 않았다. 한 생각이 쉬니 만파(萬波)의 일파(一波)도 일어나지 않는 것일까?

다만 달은 중천(中天)에 떠 있고, 손바닥만한 섬 위에 나는 그저 무심히 휘영청한 달빛 속에 놓여 있을 뿐, 아무런 조응(照應)도 일어나지 않았다고 노트에 적은 것은 1996년 10월 27일의 일이었다.

내가 좋아하는 불교문구
- 只是日日 一般 -

'지시일일 일반(只是日日 一般)'이란 '다만 하루 하루가 일반'이라는 평이한 말씀이다. 그러나 참으로 이 속에는 불교의 요의(了意)가 들어있다고 생각된다. 이것은 중국의 흠산스님에서 비롯된다.

'흠산운(欽山云) 노승평생(老僧平生)
백무소회(百無所會) 지시일일일반(只是日日一般).'

평생에 아무 것도 깨달은 바가 없다. 그래서 하루 하루를 그저 한 모양으로 지내고 있다는 흠산스님의 자평(自評)이다.
  고백하거니와 나는 한 때 비범(非凡)과 별미(別味)에 힘껏 박수를 보내왔다. 미각은 색다른 별미를 추구하며, 시각은 평범을 벗어난 개성 연출로 튀고 싶어했다. 우리 대부분의 젊은 시절은 그런 치기로 소모된다.

무해무득(無害無得). '해로울 것도 얻을 것도 없다'는 이 평범한 말씀의 고마움이랄까, 진가(眞價)를 알게 되기까지에도 적지 않은 시간이 또 걸렸다. 좋은 것만 좋은 줄 알았던 가시적(可視的)인 시기였다. 무해무득의 고마움이나 그것의 참뜻을 요득하는 데 반야심경의 '이무소득고(以無所得故)'가 도움이 되었다. '무지역무득(無知亦無得)' 안다는 것도 없고 또한 얻을 바도 없다. 그래서 '이무소득고' 얻을 바도 없는 것이기에.

불교의 요의(了意)란 딴데가서 특수한 무엇을 얻어 오는 행위가 아니다. 또 높으신 스님께 나아가 오체투지하고 도를 얻어 들고 오는 데 있는 것도 아니며 다만 자기 속에서 자기의 불성을 확인하면 그만인 것으로 일대사(一大事)는 끝나버리는 것이다. 그러니 여기에 흠산노사가 깨달은 바가 없다고 하신 것은 깨달을 바가 없는 것이지 본인이 불성을 보지 못하신 일은 아니다. '구래부동명위불'을 확연히 깨달아 마쳤다고 '할'을 하거나 덕산처럼 방망이를 휘두르지 않으셨다. 그저 하루 하루를 깨닫기 전이나 깨달은 후나 다름없이 한 모양으로 지내고 있다는 말씀이다. 얼마나 천연덕스러운 천연(天然)한 모습인가. 나는 이 유덕자의 모습에서 남달리 친근한 감정을 느끼게 된다.

도인은 스스로 도인이라고 말하지 않는다. 능력자는 결코 신통

묘용(神通妙用)을 과시하지 않는다. 깨달음을 얻은 자는 '나는 깨달았노라'고 떠들지 않는다. 다만 고요할 뿐, 고요한 것이 '적적요요 본자연(寂寂寥寥 本自然)'이 아니던가. 고려 때의 원감국사도 흠산스님을 사모하여 이렇게 찬시를 지어 바쳤다.

조주(趙州)선사는 '모든 것 버려라!'
분양(汾陽)선사는 '망상을 하지말라!'고 외쳤다.
그러나 흠산스님의 경지만이야 그 어찌하리. (생략)
어리석은 그대로 편안한 그 속.
평생에 얻은 거란 아무것 없고
하루 하루를 그저 한 모양으로 지내고 있다.

주장도 주의(主義)도 내세우지 않고, 때 되면 밭에 나가 김매고, 때 되면 자시고, 때 되면 잠드는 여여(如如)한 노사의 모습이야말로 그대로 도가 아닐는지?

나는 이 말씀을 사랑하여 '지시일일 일반'에서 '지일반(只一般)'을 따와 두인(頭印)으로 새겨 지녔다. 이것으로 내 생활의 좌표를 삼고 있다. 평지를 가시덤불처럼 알고 걸어가야 하지 않겠는가.

하루 하루의 시종(始終)이 여일한 노사의 모습에서 나는 무엇보다도 큰 활구(活句)의 법문을 듣는다.

토정(土亭) 이지함 선생

주역에 관심을 두기 시작하던 1980년 무렵, 나는 우연히 화담(花潭) 서경덕과 토정 이지함에 대해 알게 되었다. 안다고 하나 이인(異人)으로서의 미리 아는 능력에 대한 신기함 따위였다. 관심은 점차 고조되어 갔으나 겨우 손이 닿는 책 안에서의 정보를 습득하는 정도였다.

〈화담집〉을 구했으나 그 내용을 납득하기에는 17년이란 시간이 필요했고, 토정 선생 역시 그분의 진면목을 알기까지에는 13년이 지나 윤태현(尹太鉉) 선생이 쓰신 〈토정가장결〉을 만나고 나서부터였다. 체계없이 독학(獨學)으로 공부하다가 저절로 좋아지게 된 소강절 선생, 화담 선생, 토정 선생. 나중에 알고 보니 이 분들이 상수학(象數學)의 한 계보로 맥을 잇고 있었다. 이런 것을 무어라 일컬어야 할는지 반가움은 형언키 어려웠다.

한식을 앞둔 주말, 충남 보령에 있다는 선생의 묘소를 찾았다. 비가 오리라는 일기예보가 귀에 걸렸지만 내친 걸음이라 흐린 하늘을 한 번 올려다 보며 기차에 올랐다. 세 시간 가까이 걸려서 대천역에 내렸다. 보령시 주교면 고정리 산중턱에 열두 기의 봉분 가운데 선생의 묘소가 있었다. '문화재 자료 제319호' 표지판에는 이렇게 적혀있다.

 조선 중종 때의 학자이며 기인으로 이름난 이지함(1517~1578). 선생은 목은 이색의 후손으로 어려서 아버지를 여의고 형 지번에게 글을 배우다가 서경덕의 문하에서 공부하였다. 그의 영향을 받아 수리・의학・복식・천문・지리・음양・술서를 통달하여 앞을 내다보는 지혜가 있었다. 1573년 포천 현감으로 있을 때 임진강의 범람을 구제한 일이 있고, 아산 현감으로 등용된 후에는 걸인청을 만들어 걸인을 구제하고 노약자와 굶주린 사람을 구호하였다. 그후 대부분의 생애를 마포의 토담 움막집에서 청빈하게 지냈는데 이로해서 토정(土亭)이라는 호를 얻게 되었다. 당대 성리학의 대가인 조식이 마포에 찾아와 그를 도연명에 비유한 것은 유명한 이야기다.

 십여 년 전이던가, 토정 선생에게 심취되어 있던 나는 모 불교 잡지에 선생을 이렇게 소개한 적이 있다.

'사람이 사람에게 줄 수 있는 것은 무엇일까? 또 무엇을 사람으로부터 과연 받을 수 있단 말인가? 선생은 빈 손 안에 바람같은 돈을 일부러 가득 거머쥐었다. 그러나 이내 손바닥을 펼쳐서 그것을 다시 놓아보였다. 나는 그 무언(無言)의 손 동작에서 해답을 찾을 수 있을 것 같다.'

현실이 어렵고 또 가솔이 배를 곯아도 돈을 거머쥐지 않고 탁 놓아버린 선사적(禪師的) 무애행(無碍行)에 나는 힘껏 박수를 보내고 싶었던 것이다.

선생의 조카 이산해(영의정)가 묘비명에 썼듯이 일 년 사이에 용수출산(湧水出産)한 학문이 그에겐 있었다. 그렇지만 부모 같고 스승 같은 형님 지번이 진사에도 오르지 못해서 그는 과장(科場)에서 이름도 쓰지 않거나 또는 답안지조차 내지 않았다고 전한다. 지번이 39세에 진사가 되자 이듬해에 과거를 보려고 마음 먹었다. 그런데 친구들의 불행한 일을 목격해야 했고, 또 처갓집이 멸문지화를 당하게 되는 장애가 생기고 만다. 장인이 '이홍남의 고변사건'에 연루되어 능지처참되고 처갓집은 가산을 몰수 당하며 처가 식구들은 풍지박산이 났다. 이에 토정 선생도 과거를 볼 수 없게 되고 말았다. 그리고 무엇보다 10년 동안 처가살이를 한 그로서는 처가 식구들의 생계를 돌보아야만 했다. 그래서 사대부 출신으로

과욕과 청빈을 주장하던 그가 양초도에 들어가 박을 심고 바가지를 만들어 제주도 행상길을 네 번씩이나 다녀왔던 것이다. 어염(魚鹽) 생산에 직접 종사하여 수 년만에 수 만석을 끌어 모아 처가는 물론 생활이 어려웠던 친구들에게도 나누어 주었다. 후일 이 '청홍도 사건'의 억울함을 풀어줄 인재 이 속에 들어 있었다.

20년이란 적지않은 세월이 지나서 처가 식구들이 노비 신세에서 풀려나게 되니 비로소 토정과 그의 자손들도 과거를 보거나 관직에 오를 수 있게 되었다. 토정 선생이 포천 현감에 천거된 것은 57세(선조 6년), 아산 현감에 등용된 것이 62세였다. 그리고 두 달 뒤 곧바로 세상을 떠나게 되니 그의 탁월한 능력과 아까운 경륜을 다 펴지 못한 것은 물론이다. 그래서 본명(本名) 이지함 보다는 〈토정비결〉의 기인 정도로밖에 알려지지 못하게 된 것이 나는 몹시도 안타까웠다.

암담했을 그의 심정을 되짚으며 나는 손으로 산소의 둘레를 만졌다. 검은 얼굴에 건장한 체격, 훤출한 키, 웅장한 목소리, 형형한 눈빛, 갓 대신 솥을 쓰고 어디선가 불쑥 나타나 껄껄 웃을 것 같았지만 둘러본 무덤은 적막하고 쓸쓸할 뿐이었다. 준비해 간 꽃다발과 함께 나는 선생께 잔을 올렸다. 그리고 삿갓 위에 소주라는 '김삿갓'을 병 채 들고 무덤 위에 뿌렸다. 선생과 나는 전부터 잘 아는 사이인 것처럼 생각된다. 가게에서 '김삿갓'의 상표가 눈에 띄자 왜 지체없이 그것으로 골라 들었는지 나도 모른다. 축축한 잔디에 앉아 나는 토정과 김삿갓, 이 두 사람의 울울(鬱鬱)한 생애를 떠올리면서 한 사람씩을 위해 두 어잔의 음복까지 마쳤다. 목안을 타고 내리는 쓴 맛도 싫지 않았다. 아니, 그게 그분께 대한 보답일 것도 같았다.

올려다 본 저편 하늘도 심기가 편치 않은 듯 잔뜩 찌푸리고만 있다. 마치 마려운 오줌을 참듯, 올 듯 올 듯 하면서도 다행히 우리가 버스를 탈 때까지 비는 오지 않았다. 선뜻 동행에 나서준 동생이 "토정 선생이 과연 언니의 마음을 알아주시는데?" 해서 우리는 함께 웃었다.

인품도 훌륭하고 학문도 깊었으나 무엇보다도 아버지로서의 모습에 나는 깊은 감명을 받았다. 선생은 슬하에 4남 1녀를 두었는데 장남 산두(山斗)는 어려서 죽고 둘째 산휘가 임종을 보게 된다. 셋째인 산룡(山龍)은 토정 산소에서 시묘살이를 하다가 12살 어린 나이에 호사(虎死)를 당하고, 후(後) 소생이던 산겸은 충청도 의병장이 되었으나 송유진과 관련되어 모함으로 처형된다. 제일 아끼던 외동딸 산옥(山玉)이가 나병에 걸리면서부터 애쓰던 아버지로서의 모습은 너무도 처절해서 가슴이 아플 지경이다.

선생은 어린 딸의 손목을 잡고 화담으로 서경덕 선생을 뵈러 간 일이 있었다. 화담 근처에는 나환자촌이 있었는데 그때 감염이 되었던지 열 다섯 살된 산옥에게서 나병 증세가 나타나기 시작했다. 눈썹이 빠지고 발이 짓무르고…. 토정 선생은 하늘이 무너지는 듯 하였다. 그래서 아예 나환자인 조씨 집을 찾아가 한 달간을 동숙하며 진물이 나는 부위에 서로 손을 대고 접촉하여 선생도 일부러 나병에 걸리고 만다. 그리고 선생은 아예 산옥을 데리고 나환자촌으로 이사를 하였다. 기왕 시집가서 한 아녀자로 살기는 틀린 운명, 어린 딸에게 선생은 〈주역〉을 가르치기 시작했다.

"이 다음에 손님을 받을 때는 발을 한 겹 치거나 서사를 꼭 두고 하거라."

문둥병 걸린 딸의 생계를 위한 아버지로서의 눈물 어린 배려였던 것이다.

"하루만 일찍 태어났어도 정승부인의 사주인데…."

선생은 하늘을 보며 중얼거렸다고 한다. 모든게 너무나도 어긋난 운명이었다. 석 달 뒤부터 토정선생의 눈썹도 빠지기 시작했다. 그는 기공수련과 함께 약재 연구를 거듭하였다. 그리고 그것을 일일이 자신의 몸에다 반드시 실험해 보았다. 그러던 어느날 화담 선생이 꿈에 약을 일러주었다고 한다. 전갈을 시약했더니 과연 효험이 있었으나 약재를 구하기가 쉽지 않았다. 선생은 다시 의약서에서 독재(毒材)를 찾다가 오공(蜈蚣)과 섬여(蟾蜍), 즉 '지네와 두꺼비' 라는 글자에 눈이 멎었다. 약을 직접 먹어보고 환부에 바르며 효과를 시험해 보기에 이른다.

  지네는 다리를 제거하고 생즙으로 마시는 것이 가장 효험이 있었고, 두꺼비는 불에 고아서 기름을 내어 상처에 바르는 것이 가장 좋았다. 생지네즙과 취선산을 같이 쓰는게 가장 효과가 있음을 알아내고 비위를 상하게 하는 고약한 냄새는 생밤을 먹어 개운하게 하였다. 약을 복용하며 기(氣)를 운영하자, 석 달만에 눈썹이 다시 나기 시작했다. 산옥도 이에 호전 되었다. 그녀는 주역, 사주, 관상, 단법(丹法) 등을 아버지로부터 배워 나갔다. 문둥병 걸린 천형(天刑)의 이 부녀(父女)가 마주 앉아 공부하는 모습을 상상해 보라. 딸을 바라보는 아비의 심정이 어떠하였을까? 그에겐 푸르디푸른 하늘마저도 상심벽(傷心碧)의 크나큰 아픔이었을 것이다.

  그후 토정은 화담 서경덕이 지은 〈홍연진결〉을 연구, 개조하여 새롭게 책을 완성하고 〈월영도(月影圖)〉라고 이름 지었다. 그는 또 놋쇠로 된 세수대야를 보고 병선(兵船)을 고안해 내었는데 이순신에게 보낸 이 도면이 훗날 거북선의 모태가 되었던 것이다. 앞날을 내다보는 그의 예지와 나라를 사랑하는 충정에서 비롯된 것은 물론이다.

　토정 선생은 어느날 거울에 비친 자신의 얼굴에서 사기(死氣)를 알아채고, 정신을 집중해 〈월영도〉로 괘를 뽑았다. 7월 중순에 죽는다는 괘가 나왔다. 평소 아버지의 뜻을 제일 잘 이해하는 아들 산휘를 불러 그에게 부탁을 한다.

　"이복동생이나 산겸이와 산옥이를 잘 보살펴 주어라. 그리고 앞으로 난리(임진왜란)가 날 터이니 식솔들에게 걷는 연습을 많이 시켜두거라."

　일설에는 지네즙을 먹고 생밤을 얼른 먹지 못해 그 독으로 인해 죽었다는 야사도 있다. 그러나 아산 현감 재직시, 선생은 몸을 돌보지 않았고 무리한 탓에다 이질까지 겹쳐 손명(損命)을 하게 된 것이었다. 산휘가 부친의 임종에 이르러 황망해 하자 선생은 담담한 어조로 말씀했다.

　"인명(人命)은 하늘에 있는 법, 서러워 말거라."

　그리고 산휘를 방에서 내보낸 뒤 꼿꼿하게 앉아서 혼자 영면에 들었다. 1578년 7월 17일, 선생은 좌탈입망(座脫入亡)을 했던 것이다.

　내게는 큰 의문이 남았다. 선생은 왜 혼자서 임종을 하셨을까? 알 것도 모를 것도 같은 그 행동이 나를 붙잡고 놓아주지 않았다.

김우진과 수산건(水山蹇)

우리 나라 근대 예술의 여명기에 찬란히 빛나던 두 별.

윤심덕은 총독 관비 장학생으로 일본의 우에노 음악학교를 나온 미모의 성악가요, 그의 연인 김우진은 호남 대지주의 아들로 와세다 영문과를 나온 천재적인 극작가이며 신극(新劇) 운동의 기수였다. 문학과 음악에서 각기 빛나던 존재들이었다. 수산(水山)과 수선(水仙)이란 호를 나란히 가진 이 동갑내기들은 작열하는 태양 아래에서 어느날 현해탄의 물 속으로 뛰어들고 만다. 넘실대는 검은 수신(水神)의 손짓이라도 받은 양, 이들은 바다의 흰 포말 속으로 자진해 들어갔다.

검을 현(鉉), 바다 해(海)에 급한 물살로 위험한 여울 탄(灘) 자(字) '현해탄'이었다. '탄(灘)' 자는 물(水)의 어려움(難)이라는 뜻을 지니고 있다. 〈주역〉에서도 대체로 물과 관련된 괘(卦)는 흉괘(凶卦)로 친다. 수뢰둔(水雷屯)이나 택수곤(澤水困), 중수감(重水坎)이나 수산건(水山蹇) 등이 그것이다.

김우진의 아호 중 다른 하나는 초성(焦星)이라고 하는데, 이것은 그가 평소 니체를 좋아하여 짜라투스트라가 태양 앞으로 걸어 나서며 태양에게 외치던 말, '너 위대한 태양이여!' 의 첫 구절을 의역한 '불타는 별(焦星)' 에서 따온 것이라고 본인이 밝힌 바 있었다. 그러나 이 '수산(水山)' 에 대해서는 별다른 기록을 찾을 수 없었다.

'水山'과 '水仙'이라니, 사랑하는 사람들끼리 사이좋게 나누어 가진 듯한 인상마저 든다. 수(水)와 산(山)이 만나면 주역으로는 '수산건(蹇)' 괘가 되는데, 본인은 이것을 알고 자호(自號)한 것인지의 여부는 유감스럽게도 확인할 길이 없다. 닭과 달걀 중 어느 것이 먼저일지? '건(蹇)' 괘 때문에 그런 인생을 살게 된 것인지, 아니면 그런 인생을 살게 됨으로써 그에 어울리는 '건' 괘가 붙은 것인지 필자로서도 가늠하기 어렵다. 외괘(外卦) 감(坎)은 감수(坎水)로써 추운 계절에 해당하니 '한(寒)' 이 되고, 내괘(內卦) 간(艮)은 지(止)와 발(足)을 상징하니 발이 얼어 더는 나아가기 힘든 상태, 즉 다리 절뚝거릴 '건(蹇)' 자가 되는 것이다.

주공(周公)이 쓴 〈주역〉의 '단전(彖傳)' 에 보면 "건(蹇)은 난야(難也)"라고 되어있다. '건은 어려움' 이라는 뜻이다. 현해탄의 '탄(灘)' 자도 '물의 어려움' 이라는 뜻이다. 사실 이들은 자신의 행로 앞에 가로놓인 '험난한 물'을 뛰어넘지 못했던 것이다.

윤심덕은 총독부의 관비 장학생으로 우에노 음악학교를 졸업하고 1923년 6월 귀국하자마자 종로 중앙청년회관에서 독창회를 가짐으로써 우리 나라 최초의 소프라노 가수로 데뷔하게 된다. 그러나 정통 음악으로는 생계 유지가 어렵게 되자, 그는 대중 가요를 부를 수밖에 없었다. 김우진의 주선으로 한때는 방향을 전환하여 극단 토월회의 배우가 되어 보았으나, 그마저도 역시 실패하고 만다. 게다가 유부남 김우진과의 사랑으로 그녀는 사실상 궁지에 몰리고 있었다. 완고하던 사회적 인습은 그들의 불륜을 곱게 볼 리 없었다.

일곱 살 때 어머니를 잃은 김우진은 아버지하고도 사이가 좋지 못하였다. 구한말의 요직을 지낸 부친 김성규는 전남의 대지주로서 전형적인 사대부였다. 완고한 가부장적 가족제도와 다섯 어머니에 이복(異腹) 10남매라니, 본인이 집을 '감옥'에 비유할 만큼 그에게는 집안 분위기가 견디기 어려웠던 모양이었다.

또 그가 일생의 염원으로 마지않던 신극 운동마저 부친의 반대로 난관에 봉착하게 되고, 자금 조달마저 끊기에 되니 그는 〈조선지광(朝鮮之光)〉이라는 책에 '출가'를 선언하고 일본으로 건너가 버렸다. 그것은 곧 막대한 상속권의 포기와 다름없었고, 가족

과의 결별 선언과도 같은 것이었다. 김우진이 성장하던 시기는 국가적으로도 불운한 때였다. 어려서부터 겪게 되는 동학란과 한일합방, 3·1운동과 와해되어 가는 봉건체제와 왕조의 붕괴 등을 그는 체험해야 했다. 더구나 부르주아 출신으로 피식민지 지식인으로서의 고뇌가 심했을 터이다. 그러한 시대적인 고민과 정신적 방황 속에서 현실 도피적이며 절망의 늪에 빠져 있던 그에게 갑자기 나타난 것은 미모의 성악가 윤심덕이었다. 두 사람은 한눈에 끌리었고 곧 의기투합하였다. 갓 서른 나이로 현해탄에 뛰어들기까지 김우진은 시 40여 편, 논문 20여 편, 희곡 5편 등의 왕성한 문필 활동을 펼쳤던 천재적인 작가요, 척박한 이 땅의 불우한 지식인이었으며 또 희생자였다.

토월회(土月會)를 탈퇴한 윤심덕은 서울 시내 수은동 60번지에 있는 사진관 뒷방에서 밥을 사먹으며 라디오 방송과 레코드에 노래 부르는 것을 직업으로 삼고 있었다. 1926년, 여동생(윤성진)의 미국 유학 배웅을 위해 일본에 건너간 그녀는 오사카 닛토레코드 회사에서 노래 24곡을 취입하게 된다. 그녀가 마지막으로 취입한 노래는 '사(死)의 찬미'라고 하던가. 그리고 윤심덕은 일본에 먼저 와 있던 김우진과 합류하게 된다.

1926년 8월 3일, 그들 수산(水山)과 수선(水仙)은 귀국하는 관부 연락선에 올랐다. 그날의 일을 동아일보 1926년 8월 5일자는 이렇게 적고 있다.

'지난 3일, 오후 11시에 시모노세키(下關)를 떠나 부산으로 향한 관부연락선 덕수환(德壽丸)이 4일 오전 4시경 대마도 옆을 지날 즈음에 양장을 한 여자 1명과 중년 신사 1명이 서로 껴안고 갑판에서 돌연히 바다에 몸을 던져 자살을 하였는데, 즉시 배를 멈추고 부근을 수색하였으나 그 종적을 찾지 못하였으니 그 선객 명부에는 남자는 전남 목포부 북교동 김수산(金水山, 30세), 여자는 경성부 서대문정 2정목 173번지 윤수선(尹水仙, 30세)이라고 하였으나 그것은 본명이 아니요, 남자는 김우진이요, 여자는 윤심덕이었으며…. 연락선에서 조선 사람이 정사(情死)를 한 것은 이번이 처음이다더라.'

프랑스 젊은이들에게 자살 선풍을 일으켰던 '솜브루 드 망쉬(우울한 일요일)' 만큼이나 '사의 찬미' 또한 전후(戰後) 세대들에게 끼친 영향이 컸던 것이다.

수산건(水山蹇)괘는 물의 함험(陷險)과 산의 색험(塞險)이니, 건괘 여섯 효(爻)가 모두 산전수전(山戰水戰)의 험난을 겪고 있는 괘상(卦象)이다. 따라서 행보(行步)에 큰 어려움이 따를 수밖에 없는 괘였다.
 수산(水山) 김우진은 하필 수산건(水山蹇) 괘를 자호로 삼다니. 나는 글자의 마력(魔力)에 점차 빠져들지 않을 수 없었다.

아무 일도 일어나지 않았다
- 몽파르나스 묘지 기행 -

우리 몸에는 나이를 먹어도 늙지 않는 부분이 있는 것 같다. 감성(感性)의 영역이 그렇지 싶다.

정년 퇴직을 한 남편과 함께 파리를 찾았건만 몸 안의 어떤 정서는 퇴색하지 않은 채, 오히려 1960년대의 감성으로 우리를 되돌려 놓은 것이었다. 오월이 아름답다는 파리에서 희끗한 머릿발을 날리는 우리는 '소년'이었다.

우리가 묵고 있는 보지라르(Vaugirard)에서 몽파르나스는 그리 멀지 않았다. 지하철로 네 정거장 째. 차창 밖으로 'Montparnasse'란 글자가 눈에 들어오자 가슴이 뛰기 시작했다.

수려한 풍모의, 그러나 불운했던 화가 모딜리아니가 5프랑을 위해 초상화를 그려야 했던 카페가 있고, 피카소가 머물던 곳, 그리고 시몬느 드 보부아르가 태어난 건물 건너편에는 사르트르가 실존주의를 일으켰던 카페 돔(Le Dome)이 있다. 그곳에서 사르트르와 어울린 사무엘 베케트와 장 콕도의 사진도 볼 수 있었다.

시인 보들레르의 생가와도 멀지 않은 곳, 그가 태어난 생 제르망 데프레 근처에는 화가 들라크루와와 시인 아폴리네르가 생애를 접은 집이 있고, 랭보와 베를렌의 발자국이 남아 있는 그런 곳이다.

희랍 신화의 아폴로와 뮤즈 등 예술의 신이 살던 산 이름도 파르나스(Parnasse)라고 한다. 이름 그대로 몽파르나스는 예술가들의 동산이며 그들의 낙원이었다. 1950년과 60년대의 실존주의 작가들의 체취가 남아 있고 19세기의 데카당스가 절규하던, 그리고 나와 동시대적인 정서와 공감이 연계된 전후 세대의 예술 정신이 느껴지는 그런 곳이었다. 그래서 몽파르나스란 이름은 아주 친근한 얼굴로 내게 다가왔다.

발길이 제일 먼저 끌린 곳은 몽파르나스 묘지였다.

실존주의 철학가 사르트르와 보부아르, 극작가 사무엘 베케트와 유진이오네스코, 비평가 생트 뵈브와 모리악, 소설가 모파상, 게다가 샤를르 보들레르가 그곳에 누워 있었기 때문이다. 180여 년의 역사를 갖고 있는 이 몽파르나스 묘지는 에드가 키네 대로의 한가운데에 있었다. 아름드리 나무들이 빽빽히 들어 찬 가운데 알맞게 배치된 조각품들. 그리고 군데군데 벤치가 놓여 있어 묘지라기 보다는 공원 같았다. 푸르른 나뭇잎들이 햇볕에 반짝이며 깊고 넓은 그늘을 드리우고 있다. 그 아래 무료한 듯 혼자 신문의 퍼즐

칸을 메우고 있는 중년 남자, 그저 말없이 의자에 앉아 있는 노부부들은 모딜리아니의 그림 속 인물 같기도 하다. 정지된 시간을 사는 사람들처럼, 마치 죽음을 기다리는 대기자들처럼 보인다. 하긴 우리 모두가 그렇긴 하지만.

묘소들은 바둑판처럼 구획이 잘 정리되어 있었다. 질서 정연하게 누운 석관 위에 희미한 알파벳 글자는 눕기도 하고 더러는 서 있기도 했다. 우리는 정문의 입구 오른쪽에 있다는 사르트르와 보부아르의 무덤부터 찾기 시작했다. 남편은 카메라를 나에게 맡기고 지도를 펼쳐들었다. 마모된 글자들 때문에 얼른 찾아내기는 쉽지 않았다.

시몬느 드 보부아르

단정한 차림새의 노부부가 말없이 의자에 앉아 있다. 칠십은 넘어 보였다. 대합실에서 차례를 기다리는 사람같아 보였다. 자신들의 죽음을 철학하는 것은 아닐까? 바로 눈앞에 펼쳐 있는 수많은 무덤을 통해 자신들의 죽음을 바라보는 듯한 눈빛이었다. 그들이 앉아 있는 긴 나무의자 뒤가 하필 사르트르와 보부아르의 무덤이었다. 그리고 보면 그들이 보부아르와 사르트르의 화신 같다는 생각이 들면서 한편 머지않은 장래, 우리 둘의 모습일 것이라는 생각도 지울 수 없었다.

회색 대리석의 직사각형 무덤은 담 밑에 바짝 붙어 있다. 입구에서부터는 열한 번째였다.

JEAN PAUL SARTRE(1905~1980)

SIMONE DE BEAUVOIR(1908~1986)라고만 적혀있다.

프랑스의 소설가요, 극작가요, 실존주의 철학자. 반전(反戰) 반체제 활동가라는 따위의 수식어는 붙어 있지 않았다. 두 사람은 소르본느의 고등사범학교에서 만났다. 둘 다 철학을 전공했고 철학 교사를 지냈다.

보부아르가 사르트르를 만난 것은 스물한 살 때, 사르트르의 제안에 따라 그들은 '계약 결혼'으로 들어갔다. 2년 동안 실험적으로 가능한 가장 가까운 사이로 지내본 뒤에 다시 계약을 갱신하자던 그들의 약속은 2년 뒤, 서로의 관계를 필연적으로 규정하며 '우연적인 사랑도 서로에게 허용'하는 영원한 관계로 들어가는 데 합의하게 된다. 이 약속은 죽을 때까지 지켜졌다. 그런데 사르트르는 그후 다른 여자들하고 육체적 관계를 가졌다. 그들 중 몇 명은 보부아르도 아는 여자들이어서 보부아르는 속으로 몹시 애를 태웠다. 그런 보부아르의 모습은 〈초대받은 여자〉란 작품에도 나타나 있다. 삼각 관계로 고뇌하는 여주인공은 바로 작가 자신이리라.

　보부아르도 연하의 남자들과 사랑에 빠진 적이 있긴 하다. 가장 오래 지속된 남자는 미국인 작가 넬슨 엘그렌이었는데, 그를 만난 것은 39세 때였다. '영혼·가슴·육체가 일체된 사랑' 이었다고 보부아르는 자서전에서 털어놓고 있다. 넬슨이 결혼한 뒤로도 계속된 그들의 편지 304통은 1997년에 〈연애편지〉란 책으로 묶여져 나왔다. 그녀의 감성적인 편지는 사실 내게는 의외였다.

　'저의 침대도 당신을 그리워해요. 특히 저의 몸과 마음이요.'
(1949. 11. 22)

　'당신은 제가 눈뜰 때, 제 마음속의 첫 번째 생각이며 제가 눈을 감기 전의 마지막 생각입니다.' (1949. 11. 25)

　'이 작은 선물이 가능한 한 빨리 당신의 가슴에 당도하기를 원했어요. 할 수 있었다면 저는 비행기를 몹시 두려워하긴 해도 제 자신을 항공으로 부쳤을 거예요. 당신 없이 저는 너무나 외롭답니다. 당신의 시몬.' (1949. 12. 14)

그녀의 편지대로 보부아르는 섬세한 몸을 가졌고, 사랑받고 싶어하는 여자였다. 그러면서도 넬슨 엘그렌의 간곡한 청혼을 거절해야 했다. 그 뒤 엘그렌은 다른 여자와 결혼을 해버렸다. 78세로 세상을 떠난 보부아르는 만년에 이런 말을 남겼다. '사르트르를 만나지 않았던들 내 생애는 전혀 딴 길을 갔을 것'이라고. 그러면서 자신의 생애에서 가장 큰 일은 항상 글 쓰는 것이었다고 밝혔다. 이 말을 뒤집어 보면 사르트르를 만나지 않았던들 항상 글 쓰는 일을 가장 큰 일로 여기지 않았을 수도 있다는 말이 된다.

보부아르는 정말 사르트르의 여자가 되고 싶었는지도 모른다. 그러나 그녀는 그의 여자로 길들여지지 못하고 그의 동지가 되었다. 사르트르가 추구하는 행동 양식과 대의 명분에 길들여진 커뮤니스트처럼. 실존주의 철학을 행동의 기조로 삼았던 두 사람은 동지애적인 우정으로 평생동안 좋은 협력자 관계로 있었다.

보부아르는 사르트르 옆에 묻히기를 원하지 않았다고 한다.

설사 사람들이 나를 당신 곁에 묻어 준다고 할지라도
당신의 잿가루와 나의 잔해 사이에는
아무런 교류도 없을 것입니다.

노여움에 찬 그녀의 음성이 들리는 듯하다. 타인과 타인으로서 아무런 교류도 없는 부부 사이였음을 드러내는 말이 아닐까 생각하니 안쓰럽기까지 했다. 자그마한 키에 곱상한 얼굴을 한 보부아르 여사. 터번 쓰기를 즐기며 '압생트' 같은 독주를 즐겨 마시고 늘 취해 있기를 좋아했다는 이 할머니가 그의 화려한 명성에도 불구하고 왠지 가여워지는 것이었다. 나는 준비해 간 장미 한 송이를 짧은 묵념과 함께 그들 무덤 위에 올려 놓았다. 그런데 잠시 혼란스러운 생각이 일어났다.

　남녀라는 본질적인 성(性)문제 앞에서도 그들의 구호적인 삶, 즉 실존(實存)이 앞선단 말인가? 나는 소리내어 옮겨 보았다. "실존은 본질에 앞선다." 아무래도 정리가 잘 되지 않는다. 그런 채로 발길을 옮겨 놓기 시작했다. 보들레르의 무덤은 사르트르의 무덤에서 멀지 않았다.

보들레르

　서울서 준비해 간 묘지 안내도는 실제 위치와 달랐으므로 수차례 뒷걸음질을 친 뒤 보들레르의 무덤 앞에 서게 되었다. 그의 무덤은 사르트르 무덤에서 'ㄱ'을 돌려 놓은 위치(ㄴ)에 있었다.

　보들레르, 그는 우리집 서가에서 이따금씩 나와 눈을 마주치며

40여 년 가까이 살아왔다. 김붕구(金鵬九) 선생의 역저 〈보들레르〉가 출간되기 15년 전에 박은수(朴恩受) 선생의 번역본으로 그를 일찍이 만나게 된 것은 복된 일이었다. 당시 책값은 120원이었고 나는 대학 3년생이었다. 그와 관련된 세월이 이렇게 오래 됐다는 것만으로도 잘 아는 사이처럼 느껴졌다. 달려가 그의 묘비를 손바닥으로 쓰다듬었다.

　달팽이 우글대는 차진 땅에다
　깊은 구멍 하나를 내 손수 파련다.
　거기 한가로이 내 늙은 뼈를 묻어 망각 속에 잠들련다.
　물결 속에 잠긴 상어 모양.
　나는 유언도 무덤도 다 싫다.
　죽어 남의 눈물을 빌기보다는 나 차라리 살아서,
　뭇 까마귀 떼를 불러들여 더러운
　내 몸 샅샅이 쪼아 피 내도록 버려두리.(생략)
　사양할 것 없이 내 송장을 파고 들어가 혼(魂)이 나간 이 몸,
　뭇 주검 사이에 죽어간
　이 몸이 아직도 남은 고뇌 있나를 일러주렴.

　　　　　　　　　　　　　　- 〈쾌활한 주검〉 중에서 -

그는 고난의 시인이었다.

고난과 절망, 히스테리와 분열증, 때로는 깨진 자아의 거울로 피를 철철 흘리며 땅 위에 쓰러졌다. 아름다움에 대한 연구는 예술가가 쓰러지기 전에 공포의 비명을 외치는 한 판의 결투라고 말하면서. 그는 스스로 미묘한 상황을 불러들이기도 했다. 악마에게 영혼을 판 파우스트처럼 자신의 잠든 영혼을 깨우기 위해, 내재된 자신의 영성(靈性)을 고무 시키기 위해 악마와도 기꺼이 손잡는 일에 주저하지 않았다.

마약과 알코올 중독, 매독과 정신 착란은 순서대로 오면서 치뤄내야 하는 대가였던 것이다. 보들레르가 좋아하던 에드가 앨런 포오도 이 과정을 전부 밟았고 그도 역시 이 길을 답습했다. 마치 사제(師弟)처럼 인생이라는 고통의 과정을 그들은 몸으로 이수했다. 하긴 몸처럼 확실한 체험이 또 어디 있던가.

일찍이 마약에 손을 대고 관능적 쾌락에 탐닉하며, 추악미를 예찬하고 방종과 낭비를 일삼아 금치산자(禁治産者)로 선고 받아 인생에 있어서는 실격자가 되나 시에 있어서만은 그렇지 않았다. 병상에 누워서도 시작(詩作)에서만은 구두점 하나까지도 완벽함을 추구하는 까다로움을 보였다. 랭보는 그를 '시인의 왕'이라고 칭송했다. 빅토르 위고는 '예술에 있어 그대는 새로운 전율을 창조했다'는 찬사를 바쳤다.

　보들레르가 반신불수의 몸을 이끌고 실어증에 걸린 채 마흔여섯 살의 나이로 생애를 마감한 것은 여름이 저무는 8월의 마지막 날이었다. 그래서 그런지 나는 뙤약볕 아래 핏빛 멍울로 자지러지게 핀 칸나 맨드라미를 보면 보들레르가 연상되곤 하는 것이다. 아픔처럼, 그리고 숨막히는 폭염처럼. 어느 시인은 여름을 환각(幻覺)이라고 말했다. 보들레르야말로 환각의 여름만을 살다가 간 생애가 아닌가 싶다. 그는 착한 아기처럼 엄마품에 안겨 숨을 거두었다고 한다. 그가 죽은 돔(Dome) 가(街)의 정신병원을 어렵게 찾아갔을 때 나는 한동안 그 앞에서 발자국을 떼지 못했다. 그가 죽은 날의 정황이 눈앞에 그려졌다.

　'아! 너무나도 짧은 우리들의 여름!
　그 발랄한 광명이여!'
　나는 보들레르의 이 시구가 우리 인생을 총칭하는 것만 같아서 지금도 좋아하며 애송하고 있다. 시구는 이렇게 이어진다.

　…어디선지 서둘러 관(棺)에 못박는 소리 들리는 듯.
　누구를 위한?
　여름은 어제, 이제는 가을!

이 야릇한 소리, 출발의 재촉인 양 울리는구나!

- 〈가을의 노래〉 중 일부 -

우리 부부는 이미 가을 속에 서 있으므로 그의 시구들이 예사로이 들리지 않았다. 나는 준비해 간 장미 두 송이 중 남은 한 송이를 그의 무덤에 바쳤다. 다른 무덤처럼 화려하지는 않았지만 그의 무덤에는 글을 적은 쪽지들이 작은 돌멩이에 눌려 있었다. 보들레르를 좋아하는 사람들이 그에게 바치는 헌사이리라. 소리내어 세어 보니 모두 열한 장이었다. 돌멩이는 그보다 훨씬 많았다. 그렇다면 없어진 종이는? 순간 도심(盜心)이 슬쩍 일었다. 마침 남편은 필름을 사러 밖으로 나간 뒤였다.

나는 메모지를 꺼내 '보들레르 씨에게'로 시작하여 몇 자 적었다. 그리고 그 중의 하나와 바꾸어 가졌다. 날아가지 말아라 하며 돌멩이로 눌러 놓았다.

묘비 맨 위에는 의부 오픽 장군의 기록이 적혀 있고 가운데에 있는 보들레르의 기록은 단 석 줄. 이름과 출생과 사망 일자뿐이었다. 어느 기록에선가 보들레르를 아끼던 사람들이 어미니를 빼앗아 간 의부와 죽어서까지 동거하게 된 것을 분하게 여겨 따로 추념비를 세웠노라고 한 것을 읽은 일이 있다. 그것은 다소 과장이거나 지나친 감상처럼 보인다. 김붕구 선생의 〈보들레르〉 평전을 읽어 보면 그렇지만은 않았다. 오픽은 책임감 있는 아버지였고 보들레르도 몹시 따랐다는 기록이 남아있다.

보들레르를 사랑한 추모비 건립위원회에 의해 이 조상(彫像)은 건립 되었다. 추모비는 몽파르나스 묘지 북쪽 벽에 기대어 서 있었다. 두 개의 조각상 중 하나는 수의(壽衣)를 감은 남자가 관 위에 누워 있고, 다른 하나는 벽과 닿아 있는 높은 석주(石柱) 위에 턱을 괴고 올라앉아서 아래의 남자를 빤히 내려다보고 있는 음울한 조상이었다.

'두 손에 턱을 괴고, 내 높은 지붕 밑 방에서 나는 보리라' 하는 그의 시구가 이거지 싶었다. 저주받은 시인, 보들레르의 두 모습을 나누어 상징한 것이리라. 다리도 쉴 겸 한편 나는 턱을 괸 음울한 그 남자와 면대(面對)하고 싶어서 의자로 가 앉았다. 긴 시간을 갖고 싶었다.

꾸악 꾸악! 검은 까마귀 떼가 날아와 내 머리 위를 낮게 비행하기 시작한다. 검은 물체가 어깨를 스칠 듯이 지나간다. 꾸악! 꾸악! 보들레르의 화신인가?

'꾸아 꾸아
아무것도 아니다.'

그때 르나르의 시구가 떠올랐다. 그는 꾸아를 '왜(pour quoi)?'로 듣고 거기에 단답(短答)을 부쳤다. 왜(?)라는 커다란 물음 앞에 인생은 아무것도 아니라는 뜻이리라. 한 생애를 마치고 땅에 눕는 일은 지극히 당연한 일, 자연의 한 질서일 뿐 정말 아무것도 아닌 것일 수 있다. 그것은 우리 모든 인간의 보편적인 일에 지나지 않는다. 삶도 죽음도 보통 있는 일이지 않은가. 그런 생각들을 해 보고 있는데 석상 앞에서 남편은 계속 음울한 그 사내의 얼굴을 올려다보고 있다. 턱을 괸 그 남자는 우리 자신 안에 있는 죽음을 보라고 말하는 것 같았다.

사무엘 베케트
보들레르의 추모 석상이 있는 열(列) 오른편에 사무엘 베케트가 누워있다. 묘비도 없는 매끄러운 검은 대리석 무덤이 눈에 들어왔다. 그의 인상처럼 차갑고 일체의 군더더기가 생략된 듯한 느낌이었다.
SAMUEL BECKETT(1906~1989)
40대 초반이던 어느 여름날, 나는 매표소 앞에 장사진을 이룬 대열속에 끼여 있었다. 〈고도를 기다리며〉 이것으로 나는 그의 이름을 기억한다. 그야말로 '고도…'는 충격이었다.

아무것도 없는 텅 빈 무대에 고목 한 그루가 서 있다. 두 남자 (블라디미르와 에스트라공)는 나무 아래에서 누군가를 기다리며, 기다리는 동안 무의미한 대화를 주고 받는다. 언제 나타날지 모르는 '고도' 라는 사람을 기다린다는 것이다. 그러나 연극이 끝날 때까지 그 '고도' 씨는 나타나지 않았다. 끝내 밝혀지지 않는, 끝내 나타나지 않는 그 무엇인가를 허망하게 기다리고 있는 우리네 삶을 극명하게 드러내주고 있는 작품이었다.

베케트의 작품은 우리에게 희망이나 위안 같은 것은 결코 주지 않는다. 오히려 그는 더 큰 절망과 회의로, 보다 근원적인 물음 앞에 우리를 서게 한다.

두 남자가 연출하는 심심풀이 헤프닝에서는 그만 가슴이 막혀왔다. 쓰잘데없는 짓거리로 시간을 죽이고 있는 우리의 모습과 무엇이 다른가? 죽음으로 가는 동안 우리가 할 수 있는 일이란 과연 무엇인가를 생각하게 했다.

기다린다는 행위, 때로는 나는 이것조차도 그만두고 싶을 때가 많이 있다. '인간 파멸의 근원을 파헤치는 차원 높은 염세주의' 라고 어느 연출가가 그의 문학을 정의한 바도 있지만, 사실 인간이란 파멸할 수밖에 없는 존재가 아니던가라고 여겨지는 것이다. 따분하고도 지루한 두 남자의 반복 동작은 처절한 우리의 모습과 과연 다르지 않았다. 사무엘 베케트, 그는 능청스레 말한다.

'아무 일도 일어나지 않았다(Rein à faire).'

〈고도를 기다리며〉의 첫 구절이다.

짐짓 병아리가 독수리에게 낚아채이는 순간에다 우리의 목숨을 견주어 본다. 그것은 눈 깜짝할 사이. 그리고 지상이라는 무대에 서는 아무 일도 일어나지 않았다는 말인가.

베케트는 아일랜드에서 태어났지만 서른두 살 때, 프랑스로 귀화한 이래 이곳에다 뼈를 묻었다. 차디찬 그의 오석(烏石) 무덤에 목례를 보냈다. 그리고 나는 다시 뇌어 본다.

'아무 일도 일어나지 않았다.'

모파상

몽파르나스 묘지는 에밀 리차드 거리를 사이에 두고 큰 묘와 작은 묘로 나뉘어져 있는데, 모파상의 무덤은 작은 묘역에 있었다.

뒷문을 빠져 나가니 바로 입구가 나왔다. 큰 묘지보다는 어두컴컴하고 음울한 기운이 감돌아 공동묘지의 스산함이 전해져 왔다. 석실(石室)이 유난히 많았다. 우리 나라의 공중전화 박스처럼 생긴 고만고만한 넓이의 석실들이다. 지도를 보면 모파상의 무덤은 보들레르의 추모 석상 뒤편 그 언저리쯤일 것이나 도무지 눈에 띄지 않았다. 무덤과 무덤 사이의 행간(行間)은 없고 빗물이 골을 타고 흐를 수 있을 만큼의 간격으로 연이어 있다. 갑자기 하늘이 흐려졌다. 사방이 어두워지니 한결 마음이 바빠진다. 남편은 지도를 들고 무덤 사이의 샛길을 누비며 모파상의 이름을 찾는다.

후드득 빗방울이 어깨를 때렸다. 좁은 샛길에서 두 사람이 우산 하나로는 어림없다. 한 줄로 가야하기 때문에 남편은 내게 우산을 건네준다. 컴컴한 묘역에는 우리 단 두사람뿐, 울지도 못하는 어린아이처럼 나는 속이 상해서 큰 소리로 외쳤다. '모파상!'

숨바꼭질을 하자는 듯이 그는 숨어서 나오지 않았다. 굵은 빗줄기는 갑자기 우박으로 변했다. 고인돌처럼 생긴 조각 아래로 뛰어들어갔다. 우리 나라에서 보던 우박보다도 더 큰 얼음 조각들이 발 밑으로 튀어오른다. 얼음 조각은 알사탕만했다. 남편도 황급히 뛰어들어왔다. 바지 아랫단과 신발은 엉망이었다. 세찬 빗줄기는 기세를 더해갈 뿐, 하는 수 없이 우리는 가까이 있는 남의 석실(石室) 안으로 들어갔다. 무덤 안에는 여섯 사람의 이름이 죽 적혀있었다.

음습한 벽에 몸이 닿지 않으려면 바짝 붙어 설 수밖에 없다. 그렇게 서서 우리는 비가 멎기를 기다렸다. 남의 나라 무덤 안에서 이게 무슨 꼴이람! 무덤 찾아 다니는 내 버릇을 누군가가 고쳐주려고 의도한 게 아닌가 하는 생각까지 들었다.

　무덤 사이의 골을 타고 흘러내려온 물이 삽시간에 무릎 높이까지 불어나더니 순식간에 하수구로 빠져 나간다. 붓고 빠지는 물줄기에 우리는 눈을 주고 있었다. 힘든 침묵을 깨고 남편이 먼저 입을 열었다. 하수도 시설에 대해 칭찬하더니 〈레미제라블〉의 주인공이 하수구로 빠져나오는 장면을 설명해 준다.

　나는 모파상은 포기해야 하겠구나 하고 마음 속으로 체념을 하고 있었다. 한 시간 반 가량의 시간이 흘렀다. 웬만큼의 노여움을 풀어낸 듯 빗줄기는 다소 수그러들었다. 우리는 어깨 한 쪽씩을 적셔가며 묘지를 빠져 나왔다.

　횡단보도를 건너니 찻집이 보였다. 따뜻한 차를 주문하고 젖은 옷을 말렸다. 한 시간 가량이 또 지났다. 그러자 해가 반짝 웃는다. 반갑기보다는 얄미웠다. 먼저 일어난 쪽은 남편이었다. 다시 가보자는 것이다. 미안한 마음으로 뒤를 따랐다. 익숙하게 남편은 무덤 사이를 누비기 시작한다. 이번에는 왠지 내가 발자국을 떼기가 싫어졌다. 으스스한 음기(陰氣)가 느껴지며 신명이 한풀 꺾인 상태였다. '여기다!' 보물이라도 발견한 듯이 남편은 큰 소리로 외쳤다. 손짓으로 나를 불렀다.

　두 개의 흰 원기둥이 떠받치고 있는 아름다운 무덤이었다. 우리가 애타게 찾던 글자가 싱거우리만큼 커다란 글씨로 벽면에 쓰여 있었다.

'GUY DE MAUPASSANT'

여느 무덤보다는 규모도 크고 장식도 화려하였다.

〈진주 목걸이〉〈비곗덩어리〉 등 주옥같은 단편들을 남긴 모파상, 그는 죽을 때 외로운 병상에서 혼자였다. 그것도 보들레르처럼 정신병원에서 죽었다. 35살 때부터 그는 신경 계통의 비정상적인 증상이 나타나기 시작했으며, 편두통·불면증·현기증에 시달려 눈동자가 퍼지기도 했다. 코카인·몰핀·대마초 등 마약을 닥치는 대로 복용했다. 어떤 날은 거미가 습격한다고 여름철인데도 창문을 꼭 닫고, 또 어떤 날은 자기 몸 속에 보석이 들어 있다하여 화장실 출입을 며칠이나 하지 않은 적도 있었다.

1893년 43살의 나이로 영면에 들 때까지 그의 정신은 돌아오지 않았다. 그리고 보면 보들레르 석상 가까이에 있는 사무엘 베케트도 정신과 치료를 두 해 동안이나 받은 일이 있다. 이것을 두고 뭐라고 말해야 좋을까? 우연히 가까운 곳에 누운 세 사람이 모두 정신병자라니!

나는 예술가들의 광기(狂氣)와 비참한 말로와 그들의 쓸쓸한 죽음을 떠올려 본다. 참담한 기분이 된다. 걸음을 멈추고 순간이나

마 그들에게 진정한 애도를 바쳤다. 소리내어 한 사람씩 이름을 불렀다. 보들레르·모파상·사무엘 베케트. 그리고 빈센트 반 고흐·슈만·횔더린·까미유 끌로델….

슈만과 고흐도 그랬지만 보들레르와 모파상도 자살을 기도했다. 모파상은 권총을 머리에 대고 방아쇠를 당겼다. 하인이 총알을 빼두어 무사할 수 있었다. 면도칼로 목을 긋고는 흐르는 피를 보며 거울 앞에서 히죽이 웃었다고 전한다.

"예술은 그것이 추구하는 희귀한 목표에 걸맞는 희생이 따랐을 때에만 가장 강력한 효과를 얻는다"는 보들레르의 말도 이런 것을 일컫는 것이 아닐까 하고 반추해 본다. 한 편 한 편의 작품은 그들이 흘린 핏자국 같다는 생각이 들었다.

우리가 상상해 보지도 못한 어떤 경험의 세계를 그들은 벌써 몸으로 겪고 맨몸의 아린 상처로 그 고통을 기록하며 불가해한 인간의 한계에 도전하면서 새로운 길을 열어 보이고자 애썼던 선각자라는 생각을 지울 수 없었다. 인간이라는 명제를 생각해 보게 한 순간이었다. 나는 발 밑을 내려다보았다. 그리고 앞서 가는 남편의 뒷모습을 바라본다. 왠지 코끝이 싸해 왔다.

구혼 여행이라고 해도 좋을 이번 여행에 우리는 너무 묘지만 보고 다녔다. 무엇보다 나는 낯선 남의 나라, 남의 무덤 안에 그와 갇혀 있었던 시간들을 오래 두고 잊지 못할 것이다. 처음으로 우리 두 사람이 구체적으로 죽음을 공유(共有)한 상징적인 시간이었으므로. 달려가 와락 남편의 팔짱을 꼈다. 그리고는 아무 일도 없었다는 듯이 우리는 천천히 그 묘역을 빠져 나왔다.

종성명혜안(鐘聲明慧眼)의 재해석

　우리의 인식작용은 지극히 사적(私的)인 것이다. 그러므로 같은 대상을 놓고도 느낌의 심천(深淺)이 저마다 다를 수 밖에 없고 각자의 근기(根機)에 따라 정서(情緖)의 반향도 또한 다르게 피어 나는 것이다.

　잠 못 이루는 가을 밤, 어디선가 종소리가 울려 온다고 하자. 이 때 시인이 느끼는 소회(素懷)나 선객(禪客)의 가슴에 반향(反響)되는 종소리는 같을 수 없다. 무심한 저 소리에 일파만파로 울려 퍼지는 파장(波長). 그것이 어떻게 다른 가를 보여주는 좋은 예(例)를 장계(張繼, 당나라시인)의 시와 한산사(寒山寺)현판에 씌어진 '종성명혜안(鐘聲明慧眼)' 의 글귀에서 찾아 볼까한다. 마침 이 문제와 관련하여 쓰신 김병규 선생의 〈심안으로 본다〉('99 에세이 문학, 겨울호)는 이것을 풀어 나가기에 적절한 실마리를 제공해 주고 있다.

　우선 선생의 글을 따라가 보자.

어느날 나는 중국 소주의 한산사를 찾았다. 한산사하면 떠오르는 유명한 한시가 있다. "고소성 밖 한산사, 한밤중 종소리가 객선에 이른다(姑蘇城外寒山寺, 夜半鐘聲到客船)." 이 시를 연상하면서 종이 있는 종각 앞에 쉬고 있었다. 종각 앞 현판에 "종소리가 슬기로운 눈을 밝힌다(鐘聲明慧眼)"라는 시구가 눈에 들어오면서 이것은 위에 든 '야반종성'을 의식한 것임을 나는 직감했다. (중략) … 종소리가 눈을 밝게 해준다는 것은 무엇을 뜻할까. … (중략)

ⓐ 종소리가 눈을 밝게 한다는 것은 이치에 맞지 않는다. ⓑ 그런데 그 눈도 슬기로운 눈을 밝힌다는 것이니 ⓒ 그런 눈은 아름다운 종소리를 볼 수 있다는 것이 된다. 따라서 ⓓ 결국 눈이 소리를 본다는 것이다. ⓔ 눈이 소리를 볼 수 있게 될 때, 그 눈은 정말 혜안(慧眼)이 될 것이다. (기호는 필자가 편의상 붙인 것임)

선생께서 한산사 종각 앞에 이르셨을 때, 장계의 〈풍교야박(楓橋夜泊)〉이란 시구가 떠오른 것은 자연스러운 일이라 하겠다.

달은 지고 까마귀 우는 밤, 서리는 온 하늘에 가득하다.
강변의 단풍나무 사이로 보이는 어화(漁火).

그 고기잡이 배 불빛을 보며 잠 못 이루는 밤.
고소성 밖 한산사의 종소리가
한밤중 나그네의 배에 이르도다. (졸역)
月落烏啼霜滿天, 江楓漁火對愁眠
姑蘇城外寒山寺, 夜半鍾聲到客船

  이러한 객수(客愁)를 나그네 길에서 느끼고 서 계신 선생의 모습은 쉽게 연상된다. 어찌 감회가 없을 수 있겠는가? 시의 끝구절인 '야반종성도객선'을 선생은 한밤중 종소리가 객선에 이른다로 또 '종성명혜안(鍾聲明慧眼)'은 종소리가 슬기로운 눈을 밝힌다라고 해석을 맞게 해 놓으셨다. 그리고 선생은 다시 묻는다. '종소리가 눈을 밝게 해준다는 것은 무엇을 뜻할까?' '종소리가 눈을 밝게 해준다니?' 나는 긴장감으로 가슴이 뛰었다. 이렇게 의미 심장한 질문을 던져 놓고는 왜 정곡을 비켜나가고 말았는지 아쉬운감을 떨치기가 어려웠다.
  ⓐ에서 처럼 종소리가 눈을 밝게 한다는 것은 이치에 맞지 않는다.
  ⓑ 그런데 그 눈도 (보통눈이 아닌) 슬기로운 눈 (혜안)을 밝힌다는 것이니,

ⓒ 그런 눈은 아름다운 종소리를 볼 수 있다는 것이 된다.

ⓑ와 ⓒ, 여기에서부터 나는 혼란이 생기고 말았다. 종소리가 ⓑ의 슬기로운 눈을 밝힌다고 단정해 놓고나서 어떻게 금방 ⓒ에서 그런 눈은 아름다운 종소리를 볼 수 있다는 것이 되어 버렸는지 납득이 잘 되지 않았다. 설명은 생략된 채 ⓓ '결국 눈이 소리를 본다는 것이다.' 로 되어 버렸다. 이것을 간추려 보면 ①종소리가 눈을 밝힌다. ②눈은 종소리를 볼 수 있다. ③결국 눈이 소리를 본다가 된다.

'눈이 소리를 본다?' 이 논리의 비약을 나는 따라 갈 수 없었다. 현판에 씌어진 대로 종소리가 왜 혜안을 밝혀주는 것인지, 아니면 종소리가 어떻게 혜안을 밝게되도록 해주는 것인지 그 상관관계를 독자가 이해할 수 있도록 설명했어야 옳지 않았을까? 그러면 종소리(鍾聲)와 혜안(慧眼)이 어떻게 도치(倒置)된 것인지 원문을 더 따라가 보기로 하겠다.

… 결국 눈이 소리를 본다는 것이다. 눈이 소리를 볼 수 있게 될 때, 그 눈은 정말 혜안(慧眼)이 될 것이다. (중략) 종소리가 배에 이른다는 것이니까 종소리가 음파를 전하면서 다가오는 과정이 눈에 훤히 보이게 된다. 그것은 무엇을 말하는가. 종소리가 다가

오는 것을 시인은 바라보고 있는 것이다. (중략) 단적으로 말하자면 시인은 종소리를 보고 있다. 그것도 한밤중에 보고 있다. (중략) … ⓒ 이렇게 보면 '야반종성도객선'이나 '종성명혜안'은 서로 대응하면서 큰 감명을 우리에게 안겨준다. ⓕ 전자도 후자도 요컨대 눈이 소리를 본다는 것이 된다. 이처럼 나는 종각 앞에서 새로운 감회에 젖고 있다.

여기에도 몇가지 의문이 남는다.
① 눈이 소리를 볼 수 있게 될 때, 어째서 그 눈은 혜안이 되는가?
② 종소리가 배에 이르는데 어째서 종소리가 음파를 전하면서 다가오는 과정이 눈에 훤히 보이는 걸까?
③ 시인은 어떻게 그것도 한밤중에 종소리를 볼 수 있단 말인가? 이러한 의문은 모두 쓸데없는 짓일지도 모른다. 앞에서 말한 대로 종소리와 혜안의 도치(倒置)에서 비롯된 것이기에.

이 글의 제목을 내가 '종성명혜안의 재해석'으로 삼은 데는 사실 다른 뜻이 있어서였다. 전자의 경우 '야반종성도객선'은 시인의 눈으로 종소리를 바라본다고 하니 그냥 넘어갈 수도 있다. 그러나 후자의 경우 현판에 씌어진 '종성명혜안'은 좀더 다른 뜻으로 해석되어야 마땅하다는 생각을 지울 수 없었기 때문이다.

 불교에서 전광석화(電光石火)와도 같은 깨달음의 순간을 설명하려 할 때 그 극의묘처(極意妙處)는 필설로 나타내기 어려웠다. 그래서 문자(文字)없는 문답(問答)이 오고 갔다. 가령 석가가 연꽃을 들어 보일 때, 아무도 그 뜻을 몰랐다. 다만 가섭만이 홀로 빙그레 웃었다. 이런 경우, 말이 끊어진 자리에서 그들은 이심전심(以心傳心)의 교외별전(敎外別傳)을 벌써 주고 받은 것이었다. 즉통증계(卽通證契)가 된 것이다. '종소리가 혜안을 밝힌다' 는 것도 이와 다름 없는 교외별전(敎外別傳)의 소식인 것이기 때문이다.

 경허스님의 뒤를 이은 만공(滿空)스님께서 천장사에 계실 때였다.
 스님은 어떤 사미승으로부터 이런 질문을 받았다.
 "만법은 하나로 돌아가는데 그 하나는 어디로 돌아갑니까?"
 만공스님은 여기에서 꽉 막히고 말았다. 그 이후 이 화두를 들고 공부에 박차를 가해 나갔다. 의심덩어리가 독로(獨露)하여 며칠 밤을 꼬박 새우기도 했다. 어느 날 벽에 기대어 서쪽 벽을 바라보던 중 홀연히 벽이(空) 없어지고 일원상(一圓相)이 나타나는 것이다. 자세를 조금도 흐트러뜨리지 않고 계속 의심덩어리를 참구해 들어갔다. 새벽녘이 되었다. 어둠을 가르며 '두우웅 둥 둥' 새벽 쇠종소리가 울려왔다. 스님은 속으로 '응관법계성 일체유심조'(응당 법계를 관할진대 모두가 마음의 지음이라)를 외우고 있었다.

두우웅 둥 둥… 한 순간에 미망(迷妄)의 경계가 벗겨져 나갔다. 그 소리에 어두웠던 눈앞이 환히 열렸다. 그야말로 종소리가 만공스님의 혜안을 밝혀준 것이다. 이 순간 스님은 종성명혜안(鍾聲明慧眼)이 된 것이다. 이렇듯 도를 깨닫는 데도 각기 인연이 뒤따랐다. 중국의 영운(靈雲)선사는 어느 날 활짝 핀 복사꽃을 보는 순간 지견(知見)이 열렸다. 그의 동문인 향엄(香嚴)선사는 채마밭을 매다가 돌멩이를 주워서 던졌는데 그것이 그만 대나무에 가 맞고 말았다. '딱!' 하는 그 소리에 철통같이 막혔던 어둠이 부숴져 나갔다. 대오(大悟)의 순간이었다.

"한 번 치는데 모두 잊으니 애써 닦을 것 없네."(一擊忘所知 更不假修治)

그의 게송이다. 이 경우에도 향엄은 석성명혜안(石聲明慧眼)이 된 것이다.

한 가지만 더 예를 들어보자. 어느 날 소동파는(宋나라 시인) 상총(常聰)선사를 찾아가 예를 드리며 법문을 청했다. "원컨대 이미(迷)한 중생을 위해 법을 설하여 주십시오." 선사는 말씀이 없다가 한참 뒤에 입을 열었다.

"대관(大官)은 어째서 무정설법(無情說法)은 듣지않고 유정설법(有情說法)만을 청하십니까?"

이 말을 듣자 동파는 앞이 캄캄했다. '무정설법이라?' 이 글자가 머리 속에서 떠나지 않았다. 말을 타고 그는 첩첩 산골을 지나고 있었다. 의심덩어리가 온전히 사무쳐서 자기의 몸뚱아리가 가는지 오는지 조차도 몰랐다. 일체의 사량(思量)과 지해(知解)가 몽땅 끊어져서 그야말로 언어도단(言語道斷)하고 심행처멸(心行處滅) 되었던 것이다. 말은 그를 태운 채로 길을 따라 터벅터벅 갈 뿐이었다. 그 때 계곡에서 쏟아져 내려오는 폭포물 소리가 갑자기 온 골짜기를 뒤흔드는 것이었다. 쏴르르 쾅쾅! '아! 이 물소리' 하는 순간 삼천대천(三千大千)세계가 그의 것이 되었다. 말에서 내려 선사가 계신 곳을 향해 합장 배례한 후 그는 게송을 읊었다.

시냇물 소리가 그대로 법계(法界)의 진리인
부처님의 대설법이요,
산색(山色)이 그대로 청정장엄한 비로자나 법신불이 아닌가?

이와 같이 깨달은 바를 훗날 사람들에게 무엇이라고 설하리요.

溪聲便是長廣舌 山色豈非淸淨身

夜來八萬四千偈 他日如何擧似人.

계성명혜안(溪聲明慧眼)이 된 것이다. 천지를 흔들며 쏟아져 내리는 시냇물 소리는 동파의 심안(心眼)을 열어주는 계기가 되고 있다. 이렇듯 전일(專一)한 마음으로 대자연과 내가 하나로 융합될 때, 귀로 듣거나 눈으로 보거나 몸으로 부딪쳐 아는 촉처촉발(觸處觸發)의 그 무엇 하나 진리 아님이 없다는 소식의 설파인 것이다. 따라서 만공스님이 들은 범종(鍾聲)소리나, 향엄선사의 일격석성(一擊石聲)이나 소동파의 계성(溪聲) 장광설은 모두 지견(知見)을 열게하는, 혜안을 밝혀주는 줄탁(啐啄)의 수단으로서 소리가 그 작용을 한 것 뿐이다. 그러므로 종성명혜안(鍾聲明慧眼)은 '눈이 소리를 본다' 가 아니라 종소리로 해서 혜안이 밝아졌다로 풀이되어야 마땅하겠다. 종소리는 어디까지나 방편이요, 구경(究境)의 목적은 혜안(慧眼)인 것이기 때문이다.

절의 주련(柱聯)에 씌어진 글씨나, 현판에 씌어진 글씨는 단순한 시구(詩句)가 아님을 고려하셨더라면 해석의 혼란을 줄일 수 있지 않았을까를 생각해보게 하였다.

註 : 줄탁(啐啄)

병아리가 부화되려 할 때, 알 속에서 소리를 내는 것을 줄(啐)이라고 하고 어미 닭이 때맞춰 병아리의 껍질을 쪼는 것을 탁(啄)이라 한다. 불교에서는 참선(參禪)하는 사람의 기(機)와 봉(鋒)이 서로 계합(契合)됨을 일컬으며, 깨달음에 가까워진 제자에게 스승이 빈틈을 주지않고 하나의 교시를 주어 제자를 깨달음의 경지로 이끌어 들이는 것을 줄탁 동시(同時) 라고 함.

2

연당(蓮塘)에서

진흙구덩이 속에서 피어나되 더러움에 물들기는커녕 오히려 더욱 맑은 얼굴로 피어난다는 연꽃. 참으로 장한 연꽃의 미덕이다. 그 때, 남루한 차림으로 진흙뻘에 발을 담그고 서 계신 어머니의 모습이 저 연당 안에서 떠 올라왔다.

오늘은 8월

 손등으로 젖은 이마를 닦으며 달력에서 7월을 떼어낸다.
 이제는 8월이다. 대문을 박차고 나서면 무슨 좋은 일이라도 있을 듯, 8월의 문을 힘껏 밀어본다. 엉거주춤하게 두 발을 벌리고 8월은 달력 위에 서 있다. 가을이 시작된다는 '입추'는 7일에 들어있고 여름의 끝이라고 할 수 있는 '말복'은 10일에 들어 있다. 한쪽 발로는 여름을, 다른 한 쪽 발로는 가을을 딛고 있다. 두 가지를 동시에 포용하고 있는 넉넉하면서도 의미심장한 8월의 모습이 보기 좋다.
 7월은 어제, 9월은 내일. 오늘은 8월이다. 여름은 어제, 가을은 내일. 그러므로 오늘을 살 수 있는 시간은 8월에만 주어진다. 뙤약볕의 긴 긴 여름을 지나 이제 가을의 문에 들어서려는 중간 지점에 우리는 와 있다. 건널목에 선 내게 이러한 설렘의 순간들은 살아 있음을 온전히 느끼게 해준다. 많지는 않지만 지갑에 남아 있는 약간의 지폐처럼 아직은 꺼내 쓸 수 있는 시간. 그것을 마음

대로 할 수 있다는 선택의 자유 같은 것이 살아있음의 기쁨을 느끼게해 준다. 그러나 끝내 아까워 다 쓰지 못하고 마는 지폐처럼 나는 시간을 붙들고만 있다. 8월의 꼬리에 맞물린 저기 9월의 머리카락이 보이는 데도 말이다.

그러나 묵묵한 대지는 지금 한창 구슬땀을 흘리고 있다. 실과나무의 열매들은 저마다 제 빛깔과 향기를 완성해 내느라고 하루 볕을 다투고 있다. 채 여물지 못한 옥수수 알과 씨방에서 까맣게 씨를 여물려야하는 분꽃도 안으로는 몹시 분주하다. 옆에 선 나도 마음이 바빠진다. 옆에 선 나도 마음이 바빠진다. 활기 찬 한낮의 생의 현장이 아닐 수 없다.

간밤에는 자다말고 마루로 나왔다. 창문을 열어 놓고 대자리에 누우니 잘 만했다. 그러나 새벽녘에는 창문을 도로 닫고 방으로 돌아와야 했다. 선뜩하게 와 닿는 찬 기운이 싫었다. 한서(寒暑)의 수레바퀴가 맞물린 듯, 하루 중에도 기온이 이렇게 다르다니.

지금 우주에서는 눈에 띄지 않는 어떤 미세한 변화가 일어나고 있는 것이다. 자세히 보니 가고 오는 것은 천행(天行)의 기류만이 아닌 것 같다.

'서리를 밟으면 장차 굳은 얼음에 이른다.' 고《역경》은 말한다. 그와 같음을 감지해야 할 때? 그러면서도 다행히 아직은 8월이다.

한 쪽 발로는 여름을 그리고 다른 쪽 발로는 가을을, 마치 생·사의 분기점을 딛고 선 것 같은 그 8월 안에 내가 존재한다고 하는 사실이 눈물겹도록 고맙다.

 작열하는 태양 아래, 비록 그늘 한 점 없는 땡볕일지라도 이 곳에서 숨쉰다고 하는 사실이 나를 기쁘게 한다. 나는 지금 8월에 있다. 삶의 한가운데에.

우리를 슬프게 하는 것들

'울음 우는 아이의 모습은 우리를 슬프게 한다'

안톤슈낙이 쓴《우리를 슬프게 하는 것들》의 첫 구절이다. 그러나 울어야 할 때, 울지 않는 아이의 모습도 우리를 슬프게 한다. 웬만한 어려움 따위는 아무 것도 아니라는 듯 어른스럽게 눙치며 담 밑에 비켜선 채 말을 잃어버린 아이들. 그 눈길이 싸늘하게 식어있음을 볼 때 그것은 우리를 더욱 슬프게 한다. 누가 그들의 꿈 많은 모험심과 어린애다운 충동과 열정을 앗아간 것일까?

배고플 때 배고프다고 칭얼대는 아이들은 그래도 웬만하다. 방학이 되자 전국의 많은 어린이들이 지금 점심을 굶고 있는 것이다. 무료급식으로 학교에서 먹던 점심이 중단 된 때문이다. 교육부 통계로는 점심지원 대상자가 16만 4천여 명에 이른다고 한다. 배고픔 보다 더 긴박한 고통이 어디에 있겠는가? 잠을 자려고 해도 배가 고프면 쉬이 잠에 들지 못한다. 움직이려고 해도 가솔린이 떨어진 자동차처럼 동작이 활발할 수 없다. 쑥쑥 커야하는 나이에 허기로 인해 아픈 병아리처럼 가만히 누워있어야 하다니.
 배고픔이 배고픔만으로 끝날 수 있다면 그래도 얼마나 다행한가. 생계가 막연할 수밖에 없는 결여. 그 결여 밑에서 치루어 내지 않으면 안 될 쓰라림을 나는 모른다고 할 수가 없다. 그 때문에 윤석중님의 동시〈듣기 좋은소리〉를 읽고도 마음속으로 얼마나 울었는지 모른다. 아홉 살 난 내 남동생을 바라보면서.
 '귀남아! 밥 먹어라. 하는 그 소리가 듣기 좋구요.'
 날 저물자 어머니가 골목에 대고 외치시는 소리. 천만 번 듣고 싶은 소리였다. 건강한 식탁이 있고 따뜻한 불빛 아래 둘러 모인 가족이 있는 집. 평범할 때는 평범한 것의 소중함을 모른다. 나는 밥을 굶는 어린이들에게 이런 결여가 있을까 마음 졸여지는 것이다.
 그런데 유감스럽게도 며칠 전 신문에서 이런 기사와 눈이 마주쳐야 했다. 결식아동들에게 지급되어야 할 '점심지원용 상품권'이 제대로 전달되지 않았다는 것과 급식권이 꼭 필요한 학생들이 교사들의 무관심으로 선정과정에서 누락되었다는 것이다.
 '상품권 받고 싶은 사람, 손 들어봐!' 교실에서 행해지던 업무처리의 방식이다. 다치기 쉬운 아이들의 자존심은 전혀 고려되지 않은 처사였다. 가슴이 식어버린 교사들의 모습 또한 우리를 슬프게 한다.

 아, 그러나 이제 열흘만 있으면 개학이다. 개학과 동시에 그들의 얼굴을 활짝 개이게 할 수는 없는 것일까? 천진난만한 그들의 웃음소리가 듣고 싶다. 웃지 않는 아이의 모습 또한 우리를 말할 수 없이 슬프게 한다.

연당(蓮塘)에서

 창밖에 빗소리가 굵어지자 문득 내일 나들이 일이 걱정되었다. 문우들과 연당에 연꽃을 보러 가기로 한 날이다. 아침에 눈을 뜨니 비는 멎었으나 하늘은 찌푸린 상태였다. 전화를 걸어 확인할까 하다말고 그만 두어버렸다.
 비 내리는 연당은 그것대로의 정취가 있을 것 같아서다. 우리는 승용차 두 대로 경기도 양수리에 있는 연당에 닿았다. 비 온 뒤의 산들은 푸른 기운으로 청청(靑靑)하다. 중봉의 산허리에는 안개가 자욱하다. 친근한 동양화 한 폭을 보는 것 같다. 제목은 하일근경(夏日近景)쯤이라고 해둘까.
 발 아래로 내려다 본 연당은 초록색 파스텔화의 바다였다. 연잎이 수면을 가득 덮고 있다. 어깨를 맞댄 둥근 연잎 사이로 목을 높게 뽑아 올린 연꽃은 마치 얼굴 붉어진 낭자 같다.
 이 연당에는 심청 낭자같이 후덕한 겹연꽃도 피어 있고 노란 꽃술을 흩뿌리며 떨어지는 연꽃이 있는가 하면 아직 반쯤 핀 꽃도 있다. 둥근 연잎은 뚝 따다가 머리에 쓰면 그대로 작은 우산이 될 듯 싶다. 연잎의 손바닥 안에는 투명한 물방울이 담겨 있다. 쏟으면 도르르 하고 쏟아져 내릴 것만 같은 물방울 위로 마침 햇볕이 지나가는 중이다. 그것을 지켜보는 가슴에 작은 파문이 인다.

신선함, 생명 이런 낱말들이 떠올랐다. 푸른 연잎에 수정 같은 물방울, 햇볕의 내려 쪼임, 그 속에 무위(無爲)의 나. 잠시 한낮의 고요에 잠기는 순간이었다.

저쪽에서 불쑥 웃음소리가 높게 일어났다. 물에서 막 건져 낸 마름을 L씨가 높이 들어 내게 보인다. 집의 돌확에다 옮겨놓고 즐길 심산일 것이다. 허나 나같이 정원이 없는 사람에게는 무용지물. 나는 강둑에 무리를 이룬 갈대나 부들에 눈이 더 갔다. 가까이 다가오고 있는 가을이 느껴졌다.

그것들은 키가 넘었다. O선생은 강둑에서 뜯어낸 풀잎을 내게 주며 '잘 보세요' 한다. 그러나 아무리 잘 보아도 수초에 지나지 않는 그냥 풀이었다. 애기부들이라는 풀잎이다.

'거기에 엽낭(葉囊)거미가 들어 있어요.'

자세히 들여다보니 과연 풀잎을 삼각형으로 말아놓고 그 안에 새끼를 슬어놓은 것이 보였다. 하마터면 꽃씨로 볼 뻔했다. '제 몸을 먹여 새끼를 기른 다음 어미는 죽고 말지요. 그 풀잎 안에서.'

나도 모르게 침이 꿀꺽 넘어갔다. 보름 전, 중복 무렵은 내 생일이었다. 염천에 나를 낳고 산후병을 얻어 고생하신 어머니의 얼굴이 떠오르는 것이다. 코끝이 매워왔다. 한편 저쪽에선 흥취를 높여가며 K씨가 시를 외우고 있다. 주돈이 선생의 《애련설》이다.

 진흙구덩이 속에서 피어나되 더러움에 물들기는 커녕 오히려 더욱 맑은 얼굴로 피어난다는 연꽃. 참으로 장한 연꽃의 미덕이다. 그 때, 남루한 차림으로 진흙 뻘에 발을 담그고 서 계신 어머니의 모습이 저 연당 안에서 떠 올라왔다. 한 손으로는 엽낭 거미가 알을 실어놓은 풀잎을 들고 나는 어찌할 바를 모르고 있었다.

그대로 놓고보기

　중국의 풍락이라는 곳에 나무를 잘 가꾸는 사람이 있었다.

　성은 곽씨요, 곱사병으로 등이 낙타처럼 굽어서 곽탁타(郭橐駝)라 불렸다. 그는 나무를 옮겨 심어도 살지 않는 게 없었고, 열매도 일찍 번성하였다. 많은 사람들이 그에게 와서 그 비결을 물었다.

　대답은 늘 한결 같았다. 자기가 애써 나무로 하여금 수명이 길게 하거나 무성하도록 하는 것이 아니라 다만 나무의 성질대로 이루어지게 할 따름이라고.

　나무를 심기는 아들처럼 하고 심은 다음에는 다시 돌보지 아니하며, 버린 것과 같이 하면 천성(天性)을 온전히 하여 그 성질을 얻을 것이라고 말했다. 그러나 우리가 정성을 쏟은 대상에 대해 무심해지기란 어디 쉬운 일이던가?

　근 삼십여 년 전의 일이다. 수유리 장미원에서 회초리 만한 장미 묘목을 몇 개 얻어 심었다. 아침마다 마당에 나가 눈으로 안부를 물었더니 얼마 후 가느다란 줄기에 잎눈이 틔고 노란 꽃망울이 맺혔다. 그야말로 내 손으로 피워 올린 장미꽃인 양 수선을 떨었다. 은은하게 수밀도 향기를 퍼뜨리며 곱게 피어난 장미는 내게 행복한 순간을 가져다 주었다. 꽃도 이러할진대 자식의 일이야 일러 무삼하겠는가. 그러나 애착은 집착을, 집착은 고통을 낳을 뿐이었다. 자식을 나무처럼 심은 뒤 그대로 놓고 보기란 쉬운 일은 아닐 터이다. 하므로 세상에서 제일 힘든 일이 뭐냐고 묻는다면 단연 남의 부모되는 일이라고 답하리라.

마음먹은 대로 그것은 또 애쓴다고 되는 일도 아니어서 일찍이 시인 도연명도 술항아리를 기울이며 탄식해 마지 않았던 것이다. 그러나 너무 걱정할 것은 없다. 한 나무에도 일찍 피는 꽃이 있고 더디 피는 꽃이 있다. 일찍 피어난 꽃은 일찍 떨어지게 마련이고, 늦게 피어난 꽃은 오래 가서 좋다고들 말한다. 저마다 이렇게 제 속도와 시운(時運)이 다른 것을 알면서도 우리는 왜 조바심을 물리칠 수 없는 것인지 모르겠다.

어느 이른 봄날, 그리스의 작가 카잔차키스는 나비의 누에고치를 하나 발견하게 되었다. 나비는 작은 입으로 고치 집을 헤치고 빠져 나오려고 안간힘을 쓰고 있었다. 그것을 본 카잔차키스는 나비가 빨리 나올 수 있도록 고치에 대고 입김을 불어넣어 주었다.

따뜻해진 기운을 받자 나비는 쉽게 빠져 나왔다. 그러나 이 세상에 나오자마자 나비는 그의 손바닥 위에서 곧 죽고 말았다.

 '그대로 놓고 보기'란 얼마나 어려운 일인가. 이것이 어디 카잔차키스에게만 한한 일이겠는가. 그러고 보면 '그대로 놓고 보기'란 전적인 무심(無心)인 것도 아니요, 유심(有心)한 가운데 문득 무심할 수 있어야 하는, 때로는 숨죽여 기다려야하는 고통의 쉼표 같은 것은 아닐까.

어머니의 고향

달빛이 방안으로 흘러들어 온다. 뒤척이다가 그만 마루로 나왔다. 식구들은 모두 한밤중. 달빛을 깔고 마루에 누워본다. 벽면 한쪽에 나무 그림자가 어른댄다. 마음도 따라서 일렁거린다. 서늘한 밤 기운이 옷 속을 파고든다. 잊었던 잘못이 생각난 것처럼 가슴이 철렁해진다.

추석 무렵이다.

버릇처럼 창문을 열고 밤하늘을 올려다 본다. 나무숲에 걸려 있던 달이 성큼 오른쪽으로 비껴 앉았다. 어찌보면 울 듯한 그러면서도 웃고 있는 저 말쑥한 얼굴.

많은 상념들이 가슴 속에서 일어난다. 한 달에 한 번씩은 만월이 되기 마련이지만 추석 무렵의 만월은 감회가 다르다. 거룩하게 완전해진 둥근 모습은 왠지 슬픔이 어린 성지(聖地)처럼 느껴지기도 한다. 어머니의 가없는 자애와 기도며 눈물이 가득한 성지로.

둥두렷한 한가위 달이 중천에 올라오면 장독대에 정화수를 바치고 어머니는 두 손을 포갠 채 오래 서 계시곤 했다. 숨어서 지켜보던 그 월하도(月下圖) 한 장은 지금도 내 가슴에 들어 있다. 태고운 한복으로 달빛 속에 서 계시던 어머니.

그 합장 속에 드리워진 염원은 무엇이었을까. 우리 가족의 안위, 그것 밖에 나는 알지 못했다. 더 깊은 곳에 묻어둔 어머니의 비원(悲願)은 알아차리지 못했던 것이다.

어머니의 고향은 금강산 기슭, 해금강 가의 금란(金蘭)이란 곳이다. 아름다운 고향 이야기를 왜 우리에게 들려주시지 않았을까? 우리 또한 여쭈어 볼 줄도 몰랐다. 겨우내 쌓인 눈이 제 혼자 녹는 부모님의 산소도 숨겨둔 아픔이셨을 것이다.

외삼촌은 6·25직후 군에 입대한다면서 집에 다녀간 후로 그것이 마지막이 되고 말았다. 하나뿐인 남동생 이야기조차 입에 담지 않으셨다. 그 모든 것들을 나는 생각지도 못하고 살아온 것이다. 그러다 지난 광복절, TV로 이산가족의 상봉 장면을 지켜보다가 별안간 외삼촌 생각이 떠올랐다. 안에서 뜨거운 것이 솟구쳐 올라왔다. 어머니의 세수를 헤아리니 살아 계셨으면 84세, 세상을 뜨신지 36년만에 이런 일이 있으리라고는 당신도 생각지 못하셨을 것이다.

북한작가 조진용씨는 90노모의 머리에 내린 백설을 보고 '그것은 세월의 백설이 아니라 분단이 가져온 백설입니다.' 라고 50년의 통한(痛恨)을 〈사모곡〉에 담아 바쳤다. 하마 우리 외가집 문턱은 닳아 없어졌으리라. 속내를 깊이 닫아거시고 꿈길마다 어머니는 그 곳으로 향하셨을 것이기에. 〈사모곡〉 대신 나는 원개(袁凱)의 시를 오늘 아침, 어머님 영전에 읽어드리고 싶다.

   흐르는 강물은 삼천리어라.
   집에서 온 편지는 열 다섯 줄
   편지엔 별다른 말 없고
   어서 고향으로 돌아오라고.
   江水三千里
   家書十五行
   行行無別語
   只道早還鄕

몽당연필

　어느 시인은 바닥에 엎드려 연필로 글을 써야 잘 써진다고 한다. 글쓰는 버릇이야 사람마다 제 각각이다. 나야말로 초벌원고는 대개 연필로 쓴다. 그것도 파지(破紙)일 경우, 글은 낯가림을 하지 않고 풀어져 나온다.
　사각 사각대는 연필 소리를 들으며 글을 쓰는 것도 한 기쁨이다. 종이에 까만 글자들이 거미줄처럼 뽑아져 나오는 것도 보기 좋다. 연필 심알이 그만 뭉뚝해졌다. 공을 들여 천천히 연필을 깎는다. 방금 깎아 놓은 연필에서 향긋한 나무 냄새가 난다. 이 냄새는 나를 어린 시절로 데려간다.
　청소를 하다가 교실바닥에서 만나게 되는 몽당연필. 그 놈을 주워들면 보물처럼 반가웠다. 친구들의 얼굴도 한 탯줄에 따라 오른다. 우리는 286전의 연필세대다. 쓰던 원고를 멈추고 연필을 또 깎는다. 내 손 안에서 자꾸만 작아지고 있는 연필.
　아, 그러고 보면 나도 이제 몽당연필에 가깝다. 인생을 대략 칠

십으로 상정한다고 해도 7분의 1밖에 머무를 시간이 남아 있지 않은 몽당연필인 것이다. 닳고 닳아서 어느 새 키 작아진 몽당연필. 문득 나 자신을 돌아다본다.

얼마 남지 않은 한 자루의 촛불. 촛농의 뜨거운 것이 몸 안에서도 떨어진다. 어떻게 하면 생명을 완전 연소할 수 있을까? 이에 마더 테레사의 얼굴이 떠오른다. 1백 50cm의 자그만 키, 왜소한 몸체에다 주름투성이의 얼굴. 그는 87세의 나이로 죽는 날까지 자신의 말대로 '하느님의 손에 쥐어진 몽당연필'로 더 이상 쓸 수 없을 때까지 사용된, 사랑을 실천하는 도구로써의 소명을 마친 몽당연필이었던 것이다.

그가 캘커타의 빈민굴로 들어갔을 때, 가진 것이라고는 바나나 두 개 정도를 살 수 있는 단돈 5루피뿐이었다.

캘커타 시로부터 힌두교의 폐사원 한 구석을 얻어 고아, 나환자, 무의탁노인 등 버림받은 이들을 불러 모아 그들을 보살피기 시작했다. 맨손으로 출발한 이 사랑의 선교회가 마침내 교황청도 움직이고 세계를 감동시켰다.

1979년 그녀에게 노벨 평화상이 주어졌다. 그때 연회를 열지 말고 연회 비용을 가난한 자를 위해 사용해야 한다는 조건으로 평화상을 수상했다. 19만 달러의 상금도 모두 나환자 수용소 건립에 쏟아 부었다. 심지어 교황 바오로 2세가 선물로 기증한 흰색 리무진까지 나환자 수용소 건립을 위해 팔아 버렸다. 그녀의 소유란 사리(인도옷) 두 벌과 침대 뿐이었다. 가진 것이 있어야만 남을 도울 수 있는 것은 아니었다. 몸도 성치 않은 이 할머니는 40도가 넘는 무더위 속에서 두레박으로 물을 긷고 빨래를 했다. 이렇게 해서 절약된 돈은 모두 가난한 사람들에게로 돌아갔다.

  제 몸을 태워 어둠을 사른 한 자루의 초.

  그녀의 삶은 눈부신 생명의 완전 연소였다. 찬란한 광휘였다. 벌써 가을이다. 나는 머리를 떨군 채, 남은 내 생애의 소명을 다시금 생각해본다.

집

 바람을 쐬려고 입던 채로 집을 나섰다. 공원 안에 들어서니 땅에 떨어진 밤송이 가시가 여기저기 눈에 띈다. 될수록 나는 외곽으로 난 흙길을 따라 걷는다. 흙을 밟고 싶어서다. 두어 바퀴를 돈 뒤, 늘 가는 자리로 가서 앉는다. 앉았다 일어나며 하게 되는 생각이 있다. '이 자리에 다음은 어떤 사람이 와서 앉게 될까?' 하자 거기에 이런 싯구가 떠오르는 것이다.
 '차지했다고 기뻐하지 말라. 다시 차지할 사람이 바로 네 뒤에 (在後頭)있느니라.'
 등 떠밀려 어느 날인가 우리는 세월 밖으로 밀려나게 된다. 머리를 들어 하늘을 올려다 본다. 저 만치에서 하늘은 높푸르다. 햇볕의 채도(彩度)도 어느 결에 달라졌다.
 내 인생의 채도 또한 45도 각도쯤이나 기운 그 어디쯤이지 싶다. 이렇게 편하게 앉아 다리도 쉬고, 마음도 쉬며 하늘을 바라 볼 수 있는 의자가 있다는 게 여간 고마운 일이 아니다. 집에 다와 아파트 마당에 들어섰다. 이삿짐 차가 앞을 가로 막는다. 누가 또 이사를 하는 모양이다. 그러나 요즘 이사래야 얼마나 간단한가. 신문지로 접시를 쌀 필요도, 장항아리 때문에 마음을 졸일 필요도 없지 않은가.

우리가 분가(分家)를 할 때였다.

트럭에 이삿짐을 싣고 남는 자리에, 시아버님께서 마당에서 손수 패낸 국화분 두 개를 얹어 주셨다. '조금만 더 기다리거라.' 털털거리는 트럭을 타고 남의 집 셋방으로 들어갔다.

진한 국화꽃 향기가 위안이 되어주었다. 방 하나에서 두 칸으로 그리고 전세에서 자기 집을 갖게 되기까지에는 적지 않은 시간이 흘렀다. 내 집 마련의 꿈은 생의 한 목표가 되기도 했다. 6·25전란을 겪은 탓인지 집에 대한 집착은 당시 누구나 대단했다. 집 한 채만 있으면 먹고 살 수가 있다는 말이 나돌 정도였으니까.

근래에는 주거문화가 아파트 추세로 바뀌었다. 우리는 모든걸 숫자로 말한다. 숫자가 신분을 나타내는 기호처럼 되었다. 그러나 아이들이 떠나자 큰 평수에서 다시 집을 줄이느라고 고심이다. 정작 우리의 한평생이 이렇게 하다 다 가버리는 것은 아닌지?

이웃에 노인 부부가 살고 있었다. 영감님이 세상을 떠나자 안노인은 양로원으로 보내졌다. 할머니는 종일 의자에 기대어 지낸다. 기억은 점점 꺼져만 간다. 남편도 자식도 집도.

 다만 무릎 관절 때문에 함께 가져 온 의자만 알아 볼 뿐이라고 한다.

 '여기서 내가 살아?'

 하면서 할머니는 만족해 하더라는 것이다. 이제는 낡아서 삐그덕거리는 그 의자 하나가 할머니에게는 집일 수 있다. 또한 우주일 수 있다.

 그리고 보면 방금 내가 앉았다 떠나 온 의자도 '하나의 집'이라는 생각이 문득 드는 것이었다. 잠시 머물 뿐, 소유할 수는 없는 것. 집, 아프도록 꼬옥 쥔 손을 이제 그만 슬그머니 풀어버리고 싶다.

카페 필로(Café Philo)

 10월은 '문화의 달'이다. 10월과 문화는 어떤 연계성이 있는가? 국가는 왜 하필 열두 달 중에서 10월을 문화와 짝을 지었는가? 하는 것도 카페 필로(철학카페)에서 논의주제가 될 수 있을 것이다.

 초여름이 시작되는 금년 5월, 나는 파리에 있었다. 특히 몽파르나스를 배회하며 그 둘레의 카페를 즐겨 찾았던 것은 실존주의 작가들의 체취가 남아 있고 전후(戰後)세대의 예술정신이 꽃 피어난 곳이기 때문이었다.

 나는 보봐르가 태어난 집, 바로 건너편에 사르트르가 실존주의를 일으켰던 카페 '돔'에서 철학적 향기의 냄새라도 맡을까 하여 그 곳에 앉아 있기도 했다. 몽파르나스와 그리 멀지 않은 생제르맹 데프레로 나가면 사르트르와 보부아르가 매일같이 와서 긴 시간을 보냈다는 카페 '마고'와 '플로르'가 있다.

 카페 '플로르'에 가서 긴 저녁시간에 그들과 함께 앉아 있곤 했다. 어둠이 내리는 저녁 시간 동안 그들은 집에 잘 들어가지 않는 다. 거리에 내놓은 의자에 앉아 일몰과 보행자들을 바라보며 사색에 잠긴다. 프랑스는 걸인도 사색하는 나라라고 한 것은 앙드레말로였다. 그들은 카페란 단순히 먹고 마시는 곳이 아니라 사람끼리 만나서 대화를 나누며 토론을 벌이는 장소라는 자부심을 은근히 내비친다.

이제 지구촌은 어디를 가나 전자매체 시대가 되었다. 사람들은 저마다 섬처럼 외로워졌다. 이런 단절과 언로(言路)의 소통 때문인지 카페 필로는 그 곳에서 장려되고 있다. 이미 2백 여 군데가 넘는다고 한다.

이 곳을 찾는 이들은 주로 일반 시민들인데 논의 주제는 현실적인 문제를 철학적인 방법으로 사유하는 즉 '실업(失業)과 자아상실.' '과학의 발전은 인간을 행복하게 하는가?' 등의 명제이었다. 프랑스에 토론 문화가 정착되고 철학 카페가 번창하는 데는 저들의 철학교육이 밑바탕을 이루고 있음을 놓쳐서는 안 될 것 같다. 대학교 입학자격 시험에도 철학 과목은 언제나 포함된다. 때문에 고3만 되면 플라톤, 칸트, 헤겔, 니체, 프로이드 등을 전부 파악해야만 된다고 한다.

소르본느대학 앞의 골목에 '데카르트 거리' '몽테뉴 거리'라고 명명한 것조차 예사롭게 보아지지 않았다. 저들을 지금 찬양하려는 게 아니다. 나는 우리의 철학적 빈곤과 주체의식에 대해 말하고 싶은 것이다. 무엇이든 여과 없이 맹목적으로 추종하는 우리들의 유행의식과 페르낭보르델의 말처럼 조류(潮流)의 흐름은 보지 못하면서 파도만 보고 '바다를 보았다.'고 떠들어대는 우리들의 언어 습관과 인기 연예인 등에게 쏟는 사적(私的)인 정보 위주의 관심따위며 그 볼륨 등은 어떻게 낮춰 볼 수는 없는 것일까? 보다 진지한 인생의 근본문제 핵심 접근은 어떻게 가능한가? 하는 요체들을 이 각성(覺醒)의 계절에 함께 생각해 보고 싶었던 것이다. 문화국민으로 나아 가는데 그것은 하나의 지표가 될 수 있겠기 때문이다.

아름다운 말

해가 저물녘 미도파 백화점 앞에서 우연히 K선생을 만났다.
가까운 곳에 들어가 차 한잔을 앞에 놓고 마주 앉았다. 정년 퇴직을 한 이래, 별다른 소일거리도 없고 그저 책이나 읽으며 오후 산책으로 하루 해를 보낸다고 한다.
몇 년 전에 비해 조금은 여윈 듯하나 차림새만은 단정했다. 그는 깐깐하기로 소문난 영어선생이었다. 손가락을 넣어 은회색 머리칼을 쓸어넘기며 옛 일을 말한다. 지금의 아내와는 뜻이 맞지 않았지만 용케도 참으면서 살아왔노라고 하는 어투에선 자신을 대견하게 여기는 자긍심같은 게 느껴졌다. 진작 마음에 둔 처녀가 있었지만 딴데로 시집을 가버리는 바람에 지금의 부인과 중매로 만나게 되었다는 것. 그러다 40여 년이 지난 요즘에 그 여인을 다시 만나게 되었는데 '아네모네'란 별명대로 여전히 곱더라는 것이다.
남편을 잃은 그 여인과 몇 번의 데이트도 했다고 한다.

세월 속에 감추어 둔 사랑의 불꽃을 한 번 원(願)없이 피워보고 싶었지만 몸이 마음같지 않더라는 것이다. 쓸쓸한 웃음까지 곁들이면서 말하는 그의 얼굴은 썰물이 빠져나간 바다처럼 담담했다. 그리고 나직하게 이어진 말, '나이에 맞게 몸이 늙어준 것도 지금 생각해 보면 고맙더라' 는 것이었다. 찻잔에 남아 있는 자만옥 빛깔의 홍차 향은 아직 그대로 였다.

나이에 맞게 몸이 늙는다는 것은 자연의 한 질서요, 섭리일 것이다. 그런데 한창 꽃다운 나이의 여인이 남편을 곁에 두고도 금욕(禁慾)을 해야만 하다니…

'위대한 영혼' 이란 수식이 붙는 마하트마 간디. 79세의 노인이 되어서도 그는 힌두교도와 회교도의 알력 때문에 21일 간의 단식으로 들어갔다. 이것은 두 교도들의 화해를 위한 기도였다. 죽을 때까지 그는 단식을 결심하며 이렇게 말했다.

'모든 지역 사람들의 마음이 화합할 때, 나는 단식을 끝낼 것이다.' 인도 정부는 간디의 요구대로 파키스탄에 지원금을 보낼 것을 결정했다. 그러나 많은 인도인들은 간디의 단식이 인도와 싸우고 있는 이슬람교도를 돕기 위한 것이라고 생각했다. 힌두교의 광신자인 나투람 고드제가 쏜 총알을 맞고 그는 쓰러졌다. 그의 서거를 애도하는 인파의 물결은 대단했다.

미국의 라이프잡지 여기자가 간디부인에게 다가가 찬탄어린 인사말을 건넸을 때, 그 부인은 머리를 가로 저으며 조용히 이런 말을 했다.

'우리 남편의 위대함은 재산을 바쳐 가난한 동족을 먹인 일에 있는 것이 아닙니다. 하늘이 우리 부부에게 내려주신 성생활의 쾌락을 그분은 조국과 민족을 위해 기도로 바치고자 나에게 금욕을 말씀하신 후, 오늘까지 한 번도 어기지 않고 그것을 지켜오신 일입니다. 그것이 남자 간디의 위대함이었습니다.'

이 말을 듣는 순간, 나는 무엇인가가 목안으로 뜨겁게 넘어갔다. 저절로 머리가 숙여졌다.

3

가지않은 길

우리는 자기가 가지않은 길에 대해 모두 매력을 느낀다. 아쉬움이 남아서일 것이다. 그러나 내게 선택된 길이 어찌 소중하지 않을 수 있으랴.
언젠가 미당(서정주) 선생께서는 일등(上善)보다 차선(次善)을 더 사랑한다고 말씀해 주셨다. 나는 그것이 곧 내가 명심해야 할 말임을 즉각 알아차렸다.

활자와 문화

　부엌일을 마치고 돌아 서려는데 남편이 인류의 발명품 중에서 가장 유용한 것 한 가지만을 대 보라는 것이다. 갑자기 무슨 말인가 싶어 쳐다보니 〈지난 2천년 동안의 위대한 발명〉이란 책이 그의 손에 들려 있었다.
　가전제품의 고마움을 잊을 수 없어 '전기'라고 하다가 책이 더 소중해 '인쇄기계' 하고 고쳐 말했다. 버클리대학의 어느 교수도 구텐베르크의 '인쇄기계'를 꼽았다.
　세계의 지성 110명이 선정한 이 품목 중에는 '숫자'와 '인쇄기계'가 가장 많은 득표를 점했다. 미시건대학의 랜돌프네스 교수도 2천년 동안 세상을 가장 많이 바꾸게 한 것은 인쇄기계라고 답했다.
　글은 인간의 사고 구조와 독특한 관계가 있고 우리 정신세계와 문화에서 핵심적인 역할을 한다는 그의 부언이 아니더라도 글은 곧 정신이요, 문화와 동일 선상에 놓인다. 그래서 '문화는 독서

(culture is reading)' 라고 지칭하지 않는가. 독서만큼 사람을 바꾸게 하는 것도 없다.

'모든 병은 고칠 수 있으나 속기(俗氣)만은 고칠 수 없는 것. 다만 책만이 그것을 고칠 수 있다.' 고 신흠선생도 말씀하셨다. 속기는 물론, 책은 독서하는 이의 얼굴도 변모 시키는 힘을 발휘한다. 때로는 인격의 향기와 교양의 유무까지 가늠하는 척도가 되기도 한다. 책은 이렇게 사람의 기(氣)와 질(質)을 바꾸어 놓는다.

이제 책을 가까이 하기에 더없이 좋은 계절이 되었다. 우리가 문화시민이 되는 일, 문화적으로 되는 일은 독서와 연관된다. 문화란 무엇인가? '문화란 인간 내부에 있는 동물적인 본능을 길들여 가는 일' 이라고 칼융은 정의했다. 그것을 나는 이렇게 바꾸고 싶다. '독서란 인간 내부에 있는 동물적인 본능을 길들여 가는 일이라고'

오늘은 한글날, 특별히 기억하고 싶은 두 임금이 있다. 한글을 창제하신 세종대왕과 문화적 황금기인 진경(眞景)시대를 이룩한 정조대왕이다. 세종은 자신의 왕권강화를 위해 치뤄진 엄청난 희생을 잘 알고 있었다. 훌륭한 임금이 되지 않으면 안 된다고 스스로에게 얼마나 많은 다짐을 했던가. 만년에는 눈이 깔깔하여 더 이상 독서도 할 수 없는 상태가 되어버렸다. 훈민정음도 안질이

심하여 반 실명한 상태에서 창제되었다고 한다. 많은 정적(政敵) 속에 둘러 쌓인 정조 또한 고독한 군주였다. '지나치다 싶을 정도로 공부하지 않으면 마음이 편치 않았다. 열심히 책을 읽으면 오히려 피로가 풀렸다.'는 기록도 함부로 보아 넘길 수가 없었다. 사람은 다소 불우해야 성(聖)스러운 마음을 갖게 되는 것 같다.

낙엽을 밟으며

친구를 찾아보고 나오는 길이다. 아무 할 말이 없었다. 생사의 갈림길에 선 그는 허물어진 성(城)처럼 초췌하나 담담한 얼굴이었다. 소동파(蘇東坡)의 만년처럼 평정된 모습이었다. 나는 좀 걷고 싶었다.

'제3의 사나이' 영화의 마지막 장면처럼 참담한 여주인공의 심정이 되어. 발걸음을 옮길 적마다 보도블럭에 떨어진 낙엽들이 칙칙하게 발에 와 감긴다. 어제 내린 비로 나뭇잎은 젖어 있다.

'처억' 하고 발에 달라붙는 느낌이 섬뜩하다.

'… 발길에 밟히면 낙엽은 영혼처럼 울고, (생략)/ 시몬 너는 좋으냐, 낙엽 밟는 발자국 소리가. / 가까이 오라. 우리도 언젠가는 가련한 낙엽이 되리라. / 벌써 밤이 되었다. / 바람이 몸에 스민다./ 시몬 너는 좋으냐, 낙엽 밟는 발자국 소리가.'

구르몽의 시가 첼로의 현(絃)처럼 마음속에서부터 깊숙히 피어 오른다. 시구(詩句)를 따라 발길을 옮기는데 구르몽은 계속 악마처럼 내 귀에 대고 속삭인다. '너도 언젠가는 가련한 낙엽이 되리라.'

고장난 레코드판처럼 몇 번인가를 되풀이 한다. 가수 혜은이는 예쁜 목소리로 외친다.

'아! 난 몰랐네. 네가 낙엽 될줄은…'

우리는 나무에서 생명과 죽음을 본다. 자연을 통해 생사(生死)의 순환을 학습한다. 그것은 우주의 질서요, 평상(平常)적인 진행일 따름인데 그런데 왜 나는 이렇게 참담하고 애통한 것일까? 내년 봄에 새로 태어날 벚나무의 이파리가 친구의 얼굴이라 해도 그것을 나는 친구로 느낄 수가 없다. 앙증맞은 주먹손을 펴고 내가 설령 어린 은행잎으로 피어난다고 해도 누가 그것을 나로 알아 볼 것인가?

우리는 다만 이승에서, 지금 이 자리에서 서로를 알아 볼 뿐이다. 우리의 한계는 여기에서 자명하지 않은가. 내 자신을 위해 나는 지금 걷고 있다. 마치 걷는 일 밖에는 다른 것이 없는 것처럼.

'이 세상 어느 곳에서 지금 어떤 사람이 까닭도 없이 이 밤에 걷고 있는데, 그것은 나에게로 오는 것이다. 이 세상 어느 곳에서 지금 어떤 사람이 까닭도 없이 이 밤에 죽어가고 있는데, 그것은 나를 바라보고 있는 것이다.'

　마침 릴케의 시구가 생각이 나서 마음 속으로 읊조리며 걷고 있는데 손바닥만 한 플라타너스 나뭇잎이 '툭' 하고 내 어깨를 친다.
　나무를 올려다 본다. 여름내 칙칙한 녹음에 갇혀있던 나뭇잎들이 환하게 걷혀있다. 내명(內明)한 어느 정신을 보는 듯하다. 가벼워질 대로 가벼워진 어느 현자의 영혼의 무게를 보는 것도 같다.
　청담동 언덕길을 내려와 잠실 운동장 앞에 다달았다. 노란 은행나무 이파리가 황금비처럼 주루룩 쏟아져 내린다. 공연히 가슴이 뛴다.

새벽에 만난 사람

늦잠이 들면 자칫 새벽 산책을 놓치게 된다. 나는 아직 달리 하는 운동이 없다. 가족들에게 운동부족의 지적을 몇 차례 받고도 '아직은?' 하면서 미루어 온 것이 오늘에 이르렀다.

규칙적으로 수영장이나 헬스장에 드나드는 친지들을 보면 존경의 염(念)이 들기도 한다. 그러나 정작 따라하지 못하고 있다. 시간이 좀 아깝다는 생각이 드는 것이다. 너무 많은 시간을 골프장이나 헬스클럽에서 보내고 있는 사람들을 보면 안타까운 생각도 든다. 왜냐하면 우리의 삶이 목적이고 건강이 수단이라고 할 때, 수단에 더 힘을 쏟는 꼴이 되고 말기 때문이다.

친구들과 가끔씩 어울려 하던 산행도 언제부터인가 흐지부지 되고 말았다. 그래서 궁여지책으로 택한 것이 새벽 산책이다. 그나마 들쭉날쭉이다. 어딘가에 매인다는 것 자체가 싫고, 규칙적인 것이 습관으로 옮겨지지 못한 탓도 있을 것이다. 또 어쩌다가 밤샘을 하게 되는 날에는 새벽잠에 빠져 산책을 그만 놓치고 만다.

이렇게 지구적이지 못한 내 의지박약을 한탄하면서도 이것은 되풀이 되고 있다. 장시간의 같은 자세는 몸에 좋지 않을 뿐 아니라 관절 때문에도 걸어야만 하는데, 그래서 '걷기'는 불가피한 자구책이 되고있다.

어둠속에 집을 나서 횡단보도를 두 번만 건너면, 개농공원 앞에 닿게 된다. 입구의 벚꽃나무 언덕길을 뒷걸음으로 걷는 사람들이 보인다. 벌써 많은 사람들이 와 있다. 베드민턴을 치는 할머니, 원판 돌리기를 하는 아주머니, 소나무에 등을 대고 부비는 사람, 게이트볼을 치는 할아버지, 맨손 체조를 하는 사람, 무슨 기공인지 이상한 동작에 열중인 사람, 외곽으로 난 흙길을 따라 달리기를 하는 사람, 나도 그 뒤를 따라 걷는다.

낯익은 얼굴들이 보인다. 아침마다 빠지지 않고 나와 꾸준하게 자기 건강을 챙기는 사람들이다. 작은 선(善)을 실천하는 선량한 소시민들이다. 이들에게는 고액의 멤버쉽이 있을 리 없다. 남의 손에 기대지 않으려고 굳어진 손가락을 열심히 펴며 운동하는 노인들을 뵙게되면 머리가 숙여진다.

목숨은 정말 각자의 몫이라는 생각이 절실해진다. 훤하게 날이 밝는다. 걸으면서 사위의 어둠이 엷게 벗겨지는 걸 보는 것도 한 기쁨이다. 그만 서둘러 집을 향할 때가 되었다. 출근 할 딸아이를 깨워야한다. 어제 아침에는 잠결에 문 잠그는 소리를 듣다 놀라 잠이 깨었다. 아이는 빈 속으로 집을 나갔다. 황망중에 나는 손가락을 문틈에 지찧고 말았다. 살점이 깊게 패었다. 급한 마음으로 신호등을 건너 뛸 참이었다. 그런데 미명(未明)속에 웬 남자노인 한 분이 꼿꼿하게 서 있는 게 아닌가. 나도 따라 멈춰서고 말았다. 그때 '신독'(愼獨)이라는 낱말이 퍼뜩 떠 올랐다. '홀로 있을 때를 삼가라.' 그날은 〈명심보감〉을 마음으로 읽었다.

내 아이에게 들려주고 싶은 말

　수척해진 나무들이 마지막 제 몸을 떨궈내고 있다.
　오래 전, 새벽 출근을 할 때였다. 식구들이 깰까 봐 다음 날 입고 나갈 옷가지들을 거실에 두었다가 도둑걸음으로 집을 나선다. 초겨울 새벽 5시는 한밤중처럼 캄캄하다. 목 안으로 파고드는 바람이 싫어 옷깃을 세워 여미고 버스 정류장으로 향한다.
　주황색 옷을 입은 미화원 아저씨들이 어둠속에서 낙엽을 쓸어 푸대에 담고 있다. 쓸고 나면 다시 그 자리에 떨어지는 야속한 나뭇잎. 고달프게 반복되는 우리네 일상사 같다. 쉽게 오지 않는 600번 버스를 나는 기다려야 했다.
　자녀의 겨울방학 수강 신청을 끊기 위해, 미리 와 밤을 지샜다는 학부모들이 회관 복도에 줄지어 서 있다. '부모란 무엇인가?'를 회의하게 만든다. 한바탕 전쟁처럼 접수마감이 지나갔다. 직원들을 데리고 조반을 하러 해장국집에 갔다. 집이 먼 사람들은 새벽잠을 설쳐서인지 눈들이 붉다.

첫아들을 낳고 싱글벙글하던 K가 살며시 다가와 사표를 내겠다는 것이다. 연탄 한 번 마음 놓고 때보았으면 소원이 없겠다던 그의 부인 말이 생각나서 나는 K의 얼굴을 다시 쳐다보았다. 집으로 돌아오는 버스 안에서도 나는 마음이 편치 않았다. 얼었던 몸이 한꺼번에 녹으면서 뻑뻑한 어깨 위로 삶의 무게가 실려 온다. 흐르는 눈물을 흐르게 내버려 두었다. 그는 이제 막 서른 중반을 넘긴 내 남동생 또래였다.

또 딸아이가 잠을 설치고 뒤채던 날, 나는 무슨 이야기를 한 것 같은데 도시 생각이 나질 않는다. 다만 고통의 시간이 지났다는 것만 기억된다.

우리는 누구나 인생의 고비를 겪을 때마다 모범 답안을 만나지 못한다. 그때는 무슨 말을 해도 귀에 들어오지 않는다. 그냥 겪고 지나가는 수밖에 없는 것 같다. 파도가 밀려와 해안 기슭에 데려다 놓으면 우리는 시간 저쪽에 닿아 있는 것이다. 사람들은 모두 제 길을 잘도 가는데, 그런 어느 날 나는 이런 우화(寓話)한 토막을 만났다.

연못 근처에서 병아리가 울고 있었다. 그때 새끼 집오리가 나타났다.

'왜 그러니?'

'나 저쪽에 가고 싶어서.'

'그럼 나처럼 해 봐.'

집오리는 헤엄을 쳐 보였다. 이번에는 꿀벌이 말한다.

'나를 따라 해 보렴.'

그리고는 연못 위를 '붕' 하고 날아 보였다. 이번엔 토끼가 나타났다.

'병아리야. 잘 봐. 이렇게 뛰면 되지 않니?'

토끼는 깡총깡총 뛰어 보였다. 그럴수록 병아리는 더 낙담이 되었다. '난 그렇게 뛸 수 없잖아.'

그때 연못 저쪽에서 병아리를 지켜보고 있던 어미 닭이 큰 소리로 물어왔다.

'아가 왜 그러니?'

'엄마! 어떻게 하면 거기로 갈 수 있어?'

'아가! 연못 둘레를 걸어서 오려무나.'

어미 닭처럼 내 아이들에게도 들려주고 싶은 말이다. 시간이 걸려도 걸어서 갈 수 밖에는 없는, 제 몫의 인생에 대해서.

기다림

아파트 현관문을 들어설 때마다 눈이 우편함 쪽으로 먼저 간다. 돌아올 답신도 없으련만 버릇처럼 눈이 가 머무는 것은 기실 눈이 아니라 마음이래야 옳을 일이다.

우편함 속에서 공과금 청구서를 챙겨들고 천천히 층계를 오른다. 왠지 손끝에 허전함이 남는다. 멀리서 다가오는 기차 레일의 진동, 그러한 울림 같은 것에 가 닿고 싶은 손끝의 욕망이라고나 할까. 빨래 줄을 제치고 시린 손으로 국화밭에 떨어진 편지봉투를 줍던 때의 감촉이 되살아 난다.

어느 날 대문 안으로 '뚝' 하고 오동잎처럼 떨어지던 한 장의 엽서. 거기에 쓰여 있으되 '가을이다. 안부가 궁금하구나.' 라든지 혹은 갯벌 냄새가 묻어나는 바닷가의 풍경이 찍힌 사진엽서를 느닷없이 보내 주시곤 하던 난계(蘭溪 오영수)선생님의 얼굴이 그리움처럼 피어나는 것이다.

살림이 서투른 나는 그때 새댁 시절이었고, 선생은 친정아버지처럼 걱정이 많으셨다. 고인이 되신지 이미 오래다. 그러고 보면 우편물은 우리가 살아 있다는 하나의 증거가 되는, 이승에서의 호명(呼名)에 해당된다. 다시는 받아 볼 수 없는 달필의 그 엽신(葉信)도 선생의 부재(不在)와 연관된다고 생각하니 문득 그리움이 더해진다. 단조로운 일상에 손님 보다 더 반가운 편지.

'편지요!' 하는 굵은 남자 목소리가 문 앞에 떨어지면 식구들은 서로 다투어 나갔다. 땅에 떨어진 엽서를 주으려고 허리를 구부리는 동작에도 삶의 기쁨이 실리고, 나무 그늘 아래서 봉함을 뜯을 때의 가슴 설레임도 싫지 않았다. 때마침 불어오는 훈풍을 타고 라이락 향기가 코 앞이라도 스치면 아! 세상은 그런대로 살만했다.

그리운 친지들에게 편지를 띄우고 난 후, 도착할 날짜를 손으로 꼽아 본다. 그리고 답장이 돌아올 날짜까지도 헤아려 본다. 기다림을 품고 있으면 사는 게 행복하였다.

기다리는 동안 목월(木月) 시인의 시구대로 '술익는 마을마다 타는 저녁놀' 처럼 그리움도 익어가는 것이다. 꼼꼼하게 쓴 편지를 봉투에 맞게 접어넣고 봉함을 한 뒤, 운동화를 눌러 신고 우체국으로 걸어 나갈 때, 한 줄기 시원한 바람이라도 얼굴에 와 닿으면 휘파람이라도 불고 싶고, 이 때 가슴 가득히 고이는 생(生)의 충만함. 사람들은 단순하면서 정직하게 행복하였다.

　요즈음, 버튼 하나로 모든 게 해결되는 편리한 세상, 휴대폰과 E메일은 순식간에 회신을 이루어낸다. 그러나 우리는 그리움이 담길 시간을 빼앗기고 말았다. 언어생활의 여과장치 기능과 사유의 뜸이 들 시간을 놓치게 되고 말았다. 즉설(卽說)과 충동이 난무하는, 그리하여 인내도 헌신도 미덕도 없는 시대를 살아가게 된 것이다.

　기계 문명의 편리함에도 불구하고 우리는 왜 그때 보다 행복하지 못한가? 삶의 향기를 잃어버렸기 때문이 아닐까. 기다림과 그리움은 온전히 향기인 것을.

부 용(婦容)

 무역센터 앞에서 정지 신호에 걸려 마침 정차하게 되었다. 눈은 자연 옆의 자동차로 간다. 흰색 소형 자동차 안에서 젊은 아가씨가 눈썹을 그리며 화장 하고 있다.
 나는 파란색 신호가 빨리 나올까 봐 조바심이 났다. 그 순간이 위태롭게 느껴졌다. 도심 한가운데의 대로변에서 신호를 기다리는 동안에 화장 할 엄두를 내다니. 그러나 재빠른 손놀림으로 이어지는 동작으로 보아 처음은 아닌 것 같다. 그렇게라도 꼭 화장은 해야만 되는가? 하긴 옷 매무새를 고치고 얼굴을 매만진 뒤, 남을 대하는 일은 부덕(婦德)에 속한다. 새벽에 일어나 세수하고 머리 빗고 의복을 갖춘 뒤, 흐트러짐 없는 모습으로 시댁 식구를 보아야 한다던 어머니의 말씀이 떠오른다. 무더운 여름날에도 어른 앞에서는 맨발이 금지되며, 말씨는 가늘어야 하고, 눈빛은 단정해야 한다고 배워왔다.
 화장품을 방안에 늘어 놓는 일도 부끄러운 일, 화장하는 모습을 남에게 보인다는 일은 더더욱 쑥스러운 노릇이었다. 화장은 그저 하는 듯 마는 듯 매만진 얼굴로 조용 조용 뒤란을 왔다갔다 하는 새 아기의 모습은 보기 좋은 것이리라.

요즘 식당에서 식사를 하고 나면 으레 목격하게 되는 장면이 있다. 둘러 앉은 여자들이 저마다 콤팩트를 꺼내 두드려대고 입을 크게 벌려가며 립스틱를 바른다. 조금 돌아 앉아서 하는 모습은 찾아보기 어렵다. 또 지하철을 탔을 때 목격한 일이다.

마주 앉은 중년 부인이 서슴없이 화장 케이스를 꺼내더니 순서대로 화장을 시작한다. 화장이 서투른 나는 그 신기한 순서를 지켜보며 점점 달라지는 얼굴에서 눈을 떼지 못한다. 화사하게 피어난 얼굴은 딴 사람 같다. 그러나 너무 심하게 달라지면 배신감을 느끼게 된다.

수 년 전, 다급한 일로 친구의 집을 불쑥 찾았다. 그때 친구의 맨 얼굴을 본 것이다. 그제서야 화장한 얼굴이 가짜라는 것과 그 동안 내가 그렇게 알아왔다는 것이 충격스러웠다. 황당한 마음마저 들었다. 화장이 사람을 속이는 행위는 아니지만 은근한 배신감을 갖게 했다. 처음과 끝이 여일한 미덕처럼, 화장한 얼굴과 화장하지 않은 얼굴이 서로 비슷했으면 좋겠다. 그래야 신뢰를 잃지 않게 될 것 같다. 사십 이후의 얼굴은 본인이 만든다고 한다.

얼굴은 바로 그 사람의 인품이며, 사람의 목소리는 그 사람의 마음씨라고 하지 않던가. 우리는 본령을 잃어버리고 너무 거죽에만 매달려 있는 것은 아닌지? 〈익지서(益智書)〉는 여자의 아름다운 네가지 덕을 다음과 같이 꼽고 있다. 부덕(婦德), 부용(婦容), 부언(婦言), 부공(婦工). 부공은 부인의 솜씨를 말함이다.

부용(婦容)은 얼굴이 아름답고 고운 것을 말함이 아니라 마음의 아름다움을 일컫는 것이라고 한다. 향기란 바깥에서 얻어지는 것이 아니라 부덕을 갖춘 여인네의 마음 밭에서 은은히 피어나는 아름다움 같은 것이 아닐까.

나 목(裸木)

 황량한 겨울바람 앞에 나목이 서 있다. 바람이 털고 간대로 거기에 맡겨 빈 나뭇가지가 된 것이 얼마나 아름다운지 모른다. 나뭇가지에 연두가 묻을 때도 좋고, 만홍의 낙엽 빛깔도 좋지만 그보다 더 좋은 것은 아무래도 완성하고 난 뒤의 텅 빈 공간이다.
 마치 우리네 인생을 보는 것 같다. 그 동안 가지 위에서 지나간 수고로운 노정(勞程)을 알 것도 같기에 이제 비로소 자유롭게 된 그 나무의 적막이 편안함으로 다가온다. '수고로운 짐을 진 자는 모두 내게로 오라.' 는 듯이 가슴을 열고 팔을 벌려 선 나무.
 황량한 바람 앞에 골체(骨體)로 서 있는 나목을 보면 나는 왠지 화폭에 옮겨오고 싶은 이상한 충동같은 것을 느낀다. 13살이던 소년 박수근은 하느님께 이렇게 기도했다.
 '저도 이 다음에 커서 밀레같은 화가가 되게 해주십시오.'
 그는 강원도 양구에서 태어나 국졸로 학력을 마감해야했다. 혼자 산과 들로 쏘다니며 연필 스케치를 해나갔다. 그의 그림은 가

난하고 소박하다. 그의 겨울 풍경이 지금 내 심상(心像)과 합치되고 있다.

〈절구〉,〈판자집〉,〈노상〉 등은 쓸쓸한 여운을 끌며 토속적인 분위기를 전해준다. 절구를 찧거나, 맷돌질을 하는 아낙네의 얼굴에는 아무런 표정이 없다. 무표정한 인물의 단순화와 대담한 생략. 그리고 그의 직선의 기하학적 비율로 구성되는 평면의 특질. 거기에 얽은 마마자국처럼 모래흙이 뒤범벅 된 것 같은 한국적 질감의 마띠에르. 누구에게서 배운 바 없이 완성된 독창적인 미술세계였다.

그는 계모 슬하에서 동생들을 업고 돌보며 틈만 있으면 그림을 그렸다. 땅바닥이건 담벼락이건. 그리고 신문이나 주변에서 미술 자료를 구해 읽고 스크랩하며 자신의 안목을 키워나갔다. 조선미술전에 18세의 나이로 입선된 독학생의 그림 제목은 '봄이 오다' 1953년 '집'이 특선, 59년에는 추천작가가 되었다. 그는 집과 가족을 유달리 사랑한 사람이다. 유년이 외로웠기 때문이었을까.

추웠던 사람들은 남의 추위를 그냥 지나치지 못한다. 박수근도 그런 사람 중의 하나였다.

'외출했다가 돌아올 때, 먼 발치에서 우리집 용마루만 보아도 어떻게 사랑스러운지 모르겠더라.' 는 말을 전해 듣고는 주책없이 나는 눈시울이 더워지고 말았다. 그는 인생을 나목으로 겪고 그림으로 나타내었다. 말 수가 워낙 적어서 누가 뭐라고 물으면 '아! 그래. 그렇게 하지.' 할 뿐이었다.

1962년이던가. 소공동 미 공보관에서 나는 그의 그림 앞에 서 있었다. 그 때 몇 푼 안되는 그림값을 지불할 수 없어 내 마음에다 그림을 들여놓기로 하였다. 바로 저 겨울풍경 같은 구도(構圖).

그 그림의 여백 뒤에서 낮은 톤의 어떤 남자의 목소리가 들려올 것만 같다.

'아! 그래. 그렇게 하지.'

동 지(冬至)

동지도 이제 며칠 남지 않았다. 입동과 입춘 사이에 들어 있는 동지는 '대설'과 '소한'을 양팔에 거느린 채, 글자 그대로 겨울(冬)의 지극함(至)에 다달아 있는 것이다. 이미 추위의 한마당에 들어서 있으니 '어이 봄은 멀으랴' 이다. 우리가 동지를 기다리는 마음도 봄을 기다리는 마음과 다르지 않으리라. 한파의 절망 속인들 어이 봄은 멀으랴!

하지(夏至)와 동지(冬至).

밤이 가장 길다는 동지, 동지가 되자 밤은 그때부터 줄어들기 시작한다. 하지(夏至)도 매 한 가지이다. 이것은 지일(至日)이 갖는 속성이며 천도(天道)의 운행질서라고 할 수 있다. '한 번 양(陽)이 되고, 한 번 음(陰)이 되는 것'을 일컬어 도(道)라 하였다. 춘하의 양지가 물러나면 추동의 음지가 찾아오는 우리의 인생과 무엇이 다르랴. 봄, 여름에 성장(成長)한 양의 기운은 하지가 되면 최정점(頂點)에 달한다. 절기로는 음력 5월. 간지로는 오(午),

주역괘로는 천풍구(天風姤)에 해당한다. 괘의 형상을 들여다 보면 가득찼던 양(一)의 기운이 쇠퇴하기 시작하고 대신 맨 밑에서 음(--)의 기운이 일고 있다. 또 동지가 되면 자라 올라온 음들(五陰)이 최고조에 이른다. 음이 물러나면 양의 기운은 일어난다. 동지의 절기는 음력으로 11월이며 간지로는 자(子), 지뢰복(地雷復)괘에 해당한다.

동지에 와서 지구의 축(軸)인 자오선(子午線)이 바로 선다. 동짓날(至日)은 이렇게 하늘과 땅이 처음으로 회선(回旋)을 시작하는 날이며, 음과 양이 서로 변화를 시작하는 뜻깊은 날이다.

화담(花潭) 서경덕 선생은 그래서 '지뢰복(復)괘에서 천지의 마음을 본다.' 는 유명한 글을 남겼다.

자연 현상을 통해 천지의 마음을 보게되는 것은 천지(天地)의 틀 자체가 이미 그러한 때문이요, 스스로 자율조절 기능을 지닌 것으로 보고 '복(復)' 괘의 현상이 '자연의 덕' 인 것과 같이 사람도 사람다움을 회복하고 그것을 실현함에 있어 '복괘의 덕' 을 자기안에서 실현시켜야 한다고 주창하였다. 또한 인지(仁智)의 본성과 충서(忠恕)의 도리가 지일(至日)의 이치에 부합된다고 하며 '사람이 능히 복(復)괘의 이치를 알면 도(道)에서 멀지않다.' 고 말했다.

〈주역〉 '복' 괘의 초구(初九) 말씀을 잠시 보자.

'머지않아 회복함이라(不遠復). / 뉘우치는 데 까지 이르지 않았으니(无祇悔) / 크게 길하도다(元吉).'

우리 앞에 벌어진 잘못된 현실, 머지않아 그것도 곧 회복하게 될 것이다. 아직은 뉘우치는 데까지 이르지 않았으니 크게 걱정할 것은 없다. 이렇게라도 자위해 본다. 그러나 곧 회복하게 되는 데는 조건이 붙는다.

'몸을 닦음으로써니라(以修身也).'

〈주역〉의 말씀이다.

잃어버린 우리의 본성을 회복하지 않고서는 역시 불가능하다. 인지(仁智)와 충서(忠恕). 지일(至日)의 덕목을 생각하게 되는 동짓날이다.

세모(歲暮)에

다지(茶知)선생.

금년도 이제 며칠 남지 않았습니다. 선생이 떠난 빈 집에서 혼자 처음으로 세모를 보내고 있습니다. 자연히 음악소리도 끊어지고 고해절도(孤海絶島)처럼 책상 앞에 앉아서 지냅니다.

나목이 된 창 밖의 목련나무가 눈에 들어옵니다. 그 위에 눈발이라도 날릴 듯 흐려진 하늘 때문인지 선생이 아주 세상을 떠난 것도 아닌데 갑자기 그런 빈자리가 마음에 차올라서 나도 모르게 소스라치고 맙니다. 언젠가는 둘 중, 그런 날이 오고야 말테지요.

그 곳은 어떻습니까? 동생네 가족들은 모두 잘 있는지요. 뚱보 아저씨가 막내 동생이 떠난 후 주말마다 갔다는 존슨비치도 잘 있는지요? 먹물과 잉크를 온통 풀어놓은 듯 울울하게 검푸르던 그 바다 앞에 우리 셋이 섰을 때, 아무 말도 할 수가 없었지요.

누구라도 정작 긴요한 말은 꺼내지 못하고 마는 것인가 봅니다. 올해는 특히 더 그랬습니다. 무더위가 한창 막바지 고개를 넘을 무렵, 우리는 작은 집 형님을 성남 뒷 땅에다 묻고 돌아서야 했습니다.

60줄에 들어 선 몇 남지 않은 사촌들을 둘러보며 다음은 누구 차례지? 하고 웃던 선생의 목소리는 분명 웃음이 아니었습니다.

다지선생.

잠시 지나간 삶이 되돌아봐집니다.

가운(家運)이 기운 집안의 7남매 맏이인 선생의 그 심고를 어찌 제가 다 안다고 말할 수 있겠습니까? 함께 있다고 해서 고통도 반(半)으로 나누어지는 것이라면 좋으련만. 아무튼 좋았던 날보다 언짢았던 날이 더 많았던 생애였습니다.

동생들은 차례로 미국이민을 떠나고, 병상에 계시던 부모님 일로 노심초사하다가 혼자 상주가 되어 장례를 치른 일. 시누이들이 출가하여 집을 떠나니 어느새 환갑, 진갑에 닿아 있었습니다.

머리엔 서리가 내리고 이제사 풍랑이 잔잔한가 했더니 난데없는 조기퇴직 인원감축의 회오리 바람이 닥쳤습니다. 퇴직의사를 학교 당국에 밝히고 온 날부터 새벽녘에 혼자 거실에 나와 앉은 선생의 모습이 자주 눈에 띄었습니다. 짐짓 모르는 체 화장실을 다녀와 자리에 들었지만 다시 잠이 들 수는 없었습니다. 이렇게 모르는 체 해야만 했던 순간들은 또 얼마나 많았던지요.

우리가 가난한 연인으로 만나 선생이 아이 딸린 가장이 되자 어울리지도 않는 공무원복 차림의 생활인이 되고만 일, 그때 나는 마치 산승(山僧)을 파계시킨 것 같은 편치않은 마음이 들었습니다. 구두끈을 매는 뒷모습을 보며 우리가 결혼을 하지 않았더라면 더 좋았을 것이라는 생각을 하였습니다. 지금도 그 생각에는 변함이 없습니다. 다지선생. 그 동안 참으로 수고하셨습니다. 인생이란 어떻더냐고 염라대왕이 묻는다면 '도로(徒勞)'라고 대답할 참입니다.

가지않은 길

날씨마저 추운데 입시의 여파로 이맘때쯤이면 우리의 마음은 더욱 추워지는 것 같다. 누구나 당면한 자신의 문제가 제일 큰 비중으로 다가오기 마련이다. 입시생이 있는 집은 진학걱정, 미혼의 자녀를 둔 부모는 결혼걱정. 졸업생이 있는 집은 취직걱정. 이렇게 끊임없이 이어지는 걱정거리를 앞에 두고 더 나은 선택, 후회없는 선택을 하기 위해 우리는 또 고심한다.

그러나 운명이란 고심하는 대로 되어주지 않는다. 도리어 어긋나는 데서 새롭게 시작되고, 죽은 듯한 곁가지에서 새싹이 돋아나는 것을 본다. 세상살이가 뜻대로 되지 않는다는 것을 깨닫게 되기까지에는 한 생애가 다 걸리기도 한다. 그래서 항용 나이 든 사람들이 지혜로워 보이는 것도 이같은 한계를 깨닫고 나서 욕심의 잔가지를 하나 둘 씩 덜어낸 데에 있지 않을까 싶다.

우리는 자기가 가지않은 길에 대해 모두 매력을 느낀다. 아쉬움이 남아서 일 것이다. 그러나 내게 선택된 길이 어찌 소중하지 않을 수 있으랴.

언젠가 미당(未堂 서정주) 선생께서는 일등〔上善〕보다 차선(次善)을 더 사랑한다고 말씀해 주셨다. 나는 그것이 곧 내가 명심해야 할 말임을 즉각 알아차렸다. 일등을 따라잡을 실력도 못되긴 하지만 일등의 고지를 향해 달려야하는 맹목성, 강박관념. 그 위에 천리(天理)의 순환이란 '차면 기울기 마련' 인 비극을 또 어찌 감당할 것인가.

미당 선생은 신부를 보는 자리에서도 이 원칙을 적용하셨다고 말씀했다. 그것은 지레 비겁자로서의 포기가 아니라 중도(中道)의 이치를 터득한 달인의 지경(地境)이 아닐 수 없다.

글은 졸(拙)함으로써 나아가며 도(道)는 졸함으로써 이루어 지나니, 이 하나의 졸자(拙字)에 무한한 뜻이 있다고 말한 옛사람들의 지혜와도 통하는 것이다. 그래서 선인들은 제 욕심 끝까지 가는 것을 권하지 않았다. 벼슬자리도 너무 높지 말것이니, 너무 높이 오르면 이내 위해(危害)가 다가오기 때문이요, 자기가 설령 능력이 있다고 해도 아주 끝까지 다하지 말라. 그 재주가 다하면 쇠함이 오기 때문이다. 행실은 너무 고상하게 하지 말지니, 타인의 비방이 일어날까 두렵기 때문이다.

지위는 아주 높기 조금 전이 좋고 재주는 바닥을 드러내기 조금 전이 좋다. 몸가짐은 진속(塵俗)에 어울리면서 은근히 깨끗함이 좋다고 〈채근담〉은 가르치고 있지 않은가. 그러니 실패가 어찌 실패이기만 하겠는가. 오늘의 좌절, 지금의 고통은 우리를 더 큰 곳으로 이르게하는 수레가 될지니. 그 동안 내게 삶의 용기를 주어 왔던 호신부 같은 일구를 소개하고자 한다.

'오불시 고예(吾不試 故藝)'

나는 시험에 떨어져서 기용되지 않았다. 그러므로 시간이 많아 여러 가지의 기예(技藝)에 통하게 된 것이다. 이것은 공자의 육성이다. 되새겨 볼만하지 않은가.

'오불시 고예.'

석 학(夕鶴)

 새벽녘, 거실이 환하다 싶었다. 커텐을 젖히니 창밖 풍경은 딴 세상이다.
 밤새 눈이 곱게 내려 쌓였다. '아, 눈이다.' 올 겨울 들어 눈다운 눈은 처음이어서 나도 모르게 탄성이 새어 나왔다. 싸락싸락 눈이 내린다. 눈꽃은 기분 좋은 듯 하늘을 몇 바퀴씩 선회하다가 푸른 전나무 위에 걸터 올라앉기도하고 앙상한 목련나무 가지 위에도 포실하니 내려앉는다. 잠에서 일어나기에는 아직 이른 일요일 아침, 눈앞에 펼쳐진 설국(雪國)을 내려다 보며 잠시 행복감에 젖는다. 이기심으로 얼룩진 지상(地上)의 오물들도 흰눈에 덮여 보이지 않는다. 순백색 동화의 나라이다.
 아득히 멀리서 아이들의 노랫소리가 들려온다. 눈덮인 산에 작은 초가집 한 채. 아이들은 마음 착한 새댁 쓰우와 신랑 요효우를 불러내 같이 놀자고 한다.
 '얼른 아줌마가 눈을 감아야지.' 아이들은 쓰우의 주위를 빙빙

돌기 시작한다. 쓰우는 쭈그리고 앉아서 눈을 감는다. 그녀는 요즘 걱정이 한 가지 생겼다. 순박한 요효우가 나날이 다른 사람으로 변모해가고 있는 것이다.

'어찌된 거예요? 당신은. 나의 목숨을 구해 주셔서 그것이 진정으로 고마워서 나는 당신에게로 왔는데 그리고 비단을 짜주니까 당신이 어린애처럼 기뻐하기에 나는 괴로운 것을 억지로 참고 몇 장이고 몇 장이고 짜주었는데 그것을 당신은 그 때마다' 돈 '이라는 것과 바꿔왔지요. 이 넓은 벌판의 한가운데에서 밭이나 갈며 우리 둘이서 조용히 살고 싶었는데… 아이들과 놀면서 언제까지나 살고 싶었는데…'

몇 배의 이익을 부쳐주겠다는 장사꾼들의 꾐에 넘어간 요효우는 쓰우더러 자꾸만 비단을 짜내라고 졸라댄다. 그것은 진귀한 학무늬의 비단이었다.
일본작가 기노시다 준지(木下順二)가 설정한 무대 위에서 쓰우의 독백이 이어진다.

'모두가 이것 때문이로군요. 돈, 돈… 나는 다만 아름다운 비단을 보여주고 싶어서 몸을 깍듯이 하며 짜주었는데… (생략) 당신이 내게서 멀어져 가지만 않는다면 다시 한 번, 한 장만 그 비단을 짜드리겠어요. 그것으로 용서해 주세요. 왜냐하면 이젠 더 짜다가 나는 죽어 버릴지도 모르는걸요.'

철커덕 찰카닥 베틀소리가 들리기 시작한다. 쓰우는 하룻밤 한나절이 걸려서 두 장의 비단을 갖고 나타났다. 핼쑥하게 말라버렸다.
 '요효우! 당신은 기어코 보고 말았죠. 그렇게 굳게 약속했는데 어째서 보고 만거예요? 이것 두 장 중, 한 장만은 당신이 부디 잘 간직해주세요.'
 쓰우는 어렴풋이 희어지기 시작한다.
 '쓸수 있는 날개는 모두 써버린 걸요. 이젠 겨우 날 수 있을 뿐…'
 쓰우는 비틀거리며 작은 소실점이 되어 하늘에서 점점 멀리 사라져 갔다. 학의 깃털같은 함박눈이 내 눈을 어지럽히고 있다. 쓰우. 별안간 나는 가슴이 옭죄여오기 시작했다.

빛과 그림자

 2001년 1월의 달력에는 신정과 구정이 함께 들어있다. 묵은 해의 근심 걱정일랑은 곱게 물러나고 부디 새해의 밝은 기운일랑 뉘 집 할 것 없이 만당(滿堂)해서 집집마다 어두운 구석구석을 쓸어나게 하소서.
 다가오는 신사년(辛巳年) 한 해는 또 어떨는지? 좀체 풀릴 기미가 보이지 않는 경제 한파로 사실 우리의 마음은 얼어붙어 있다. 그러나 인생고(人生苦)란 어느 시대, 어느 곳이든 인류가 있는 곳이면 함께 있어 왔다. 그러니 새삼스러워 할 것만도 아니다.
 삶이 고달픈 어느 제자가 소강절(중국의 성리학자)선생을 찾아가 인생의 화복(禍福)에 대해 여쭈었다.
 '무엇이 복이고 어떤 것이 화입니까?'
 선생은 한마디로 일축했다.
 '자네가 남을 일그러뜨리게(상하게)하는 것이 화(禍)요, 남이 자네를 일그러뜨려 주는 것은 바로 복(福)일세.'

이 깊고 깊은 뜻을 나는 곱씹어야 했다. 부당한 듯 내게 쏟아지던 고통과 책임, 지내놓고 보니 과연 그것은 복이 되었다. 인내심을 기르게 하고 남의 어려움에 대해 알게 하였다. 또한 역사의 기념비적인 예술품 역시 모두 역경 속에서 피어난 꽃이 아니던가.

추사 선생의 〈세한도〉나 다산 선생의 〈목민심서〉 같은 명저는 불우(不遇)함으로써 태어난 것이었다.

사마천의 〈사기〉나 빅토르위고의 〈레미제라블〉같은 저서 역시 형벌의 고통 속에서 피어난 꽃이었다. 만약 이중섭과 반고흐에게 그리고 슈베르트나 베토벤에게 그 혹독한 시련이 없었다면 지금 우리가 향유하는 신의 선물과도 같은 아름다운 선율과 불후의 미술작품들은 태어나지 못했을런지도 모른다.

그러고보면 시련이란 반드시 나쁜 것만도 아니다. 어느 것이나 사물에는 양면이 있기 마련이다. 빛과 그림자의 관계. 한 번 어두우면 한 번 밝은 것은 주야(晝夜)의 이치이다. 한 번 추우면 한 번 더운 것은 사시의 순환이다. 어찌 인생의 한파를 누구라 마다할 수 있겠는가?

'인생은 조금 줄여서 사는 것이 곧 조금 초탈해 사는 것' 이라는 이 말을 나는 사랑하며 지낸다. 욕심 많은 호두나무 과수원 주인이 어느 날 신께 빌었다. 일 년 동안, 한 번만 궂은 날 없이 좋은 날만 내려주십사하고. 그의 소원대로 청명한 날만 약속해 주었다. 과연 대풍년이 들어 과수원 주인은 감격했다.

그러나 호두 안에는 알맹이가 들어있지 않았다. 그는 신께 또 항의했다. 그때 신께서 내린 답은 이러했다.

'도전이 없는 것에는 알맹이가 들지 않는 법이라네. 알맹이란 폭풍우 같은 시련과 목이 타는 가뭄과 고통이 있어야만 껍데기 속의 영혼이 깨어나서 여무는 것이라네.'

우리는 이미 추위의 한마당에 들어 서 있다.

'어이 봄은 멀으랴.'

메멘토 모리

　절대 묵언을 지켜야 하는 트라피스트 수도원에서 딱 한가지 허용되는 말이 있다.
　'메멘토 모리(mementomori).'
　죽음을 기억하자'는 뜻이다. 수도사들 간에서 유일하게 허용되는 말이다.
　새해가 되어 나이를 꼽아 보다가 어느덧 계여오일 굴지무다(計餘吾日 屈指無多)를 실감한다. 구부릴 손가락이 그리 많지 않았다. 하긴 살아온 날보다 이젠 남아 있는 날을 셈하는 편이 오히려 빠르다. 이렇게 시간을 카운트 다운하고 있으면 하루 볕이 소중하기 이를 데 없다. 찰나찰나 무상(無常)한 가운데 오늘은 오늘로써 영원히 새롭다.
　희랍의 에피큐리언들은 죽음은 우리와 아무 상관 없다고 말한다. 왜냐하면 우리가 생존하는 동안에는 죽음은 오지 않았고, 죽음이 오는 순간에는 우리는 이미 존재하지 않기 때문이라고 애써 그들은 죽음을 외면하려 들었다. 그런가하면 세네카 같은 스토아 학파들은 죽음의 공포를 극복하기 위해 항상 죽음을 생각해야 한다고 강조했다. 그러나 나는 죽음의 공포를 극복하기 위해 죽음을 생각하자고 말하고 싶지는 않다. 오히려 남아 있는 날들의 가치를 소중히 하기 위해, 또 자신의 실존적 확신감을 더하기 위해 '죽음을 기억하자'고 말하고 싶다.

마음의 평정을 중시한 것은 동서양의 철학자가 모두 같았지만 서양 철학자들의 경우는 훨씬 동적이며 생의 수용태도가 적극적임을 알 수 있었다.

약골로 태어난 볼테르도, 30을 넘기기 어렵다던 칸트도 적극적 사고 방식과 섭생을 잘하여 거뜬히 80의 장수를 누렸다. 조산아로 허약하게 태어난 홉스나 뉴턴 같은 이도 규칙적 생활과 자기 절제를 잘한 탓에 각각 91살, 84살을 살았다.

에피쿠로스는 요도염으로 소변이 나오지 않아 지독한 고통을 겪으면서도 '내 정신은 내가 쟁취할 수 있는 모든 인식을 상기시키는 기쁨으로 가득차 있다.'고 하며 욕탕속에 들어앉아 온수욕을 하며 포도주를 마시다가 그대로 숨을 거뒀다. 그의 정신은 기쁨으로 충만해 있었다.

한 손에 사약을 든 소크라테스는 나보다 즐겁고 착한 생애를 지낸 인간이 있다고는 보지 않는다면서 자신에 대해 만족해 하며 죽었다. 언제나 마음의 평정을 잃지 않았던 임마뉴엘 칸트는 기쁨이 넘치는 얼굴로 죽는 순간에 '다스 이스트 굳' 참 좋다! 라고 외쳤다. 어떻게 해야 우리는 소크라테스처럼 자신에 대해 만족해 하며 죽을 수 있을까? 또 어떻게 하면 칸트처럼 죽음이 오는 순간에 '야! 참 좋다! 라고 말할 수 있을까.

  참된 철학자는 결코 죽음을 생각하지 않는다. 철학자의 지혜는 죽음에 대한 명상이 아니라 삶에 대한 명상이라고 한 스피노자의 말을 우리는 주목할 필요가 있겠다. 죽음을 탐구하러 나가 만난 것은 한편 생(生)이었다. 그러니 삶을 위해 죽음을 기억하자.

  '메멘토 모리.'

| 孟蘭子의 수필 세계 |

맹난자의 〈탱고, 그 관능의 쓸쓸함에 대하여〉

김 종 완 | 문학평론가

관능의 쓸쓸함이라? 글로 표현하지 않고는 배길 수 없을 만큼 절박함을 느끼는 관능의 쓸쓸함이라니, 그런데 한국 수필계에서 여류가 관능의 쓸쓸함에 대하여 말할 용기가 있을까? 관능이란 타오르는 불길 같아서 육체를 다 불살라 버리려고 덤벼들었을 것이고, 그 불길이 세면 셀수록 시들어진 다음의 쓸쓸함이 더하지 않겠는가?

아니나 다를까. 작자는 탱고라는 방벽을 만들어 그 속에 자기의 몸을 숨기고 말았다. 하지만 독자들은 작자의 관능을 들여다 볼 기회를 놓쳤다고 실망할 필요는 없다. 글 읽는 재미를 아는 독자라면 이 작자의 글 솜씨를 구경하는 것만으로도 황홀경에 빠질 수 있으니까.

작자는 보이지 않는 추상적인 것을 우리 눈에 구상화해 실현 시키는 빼어난 재주를 가지고 있다. 마치 마술사가 허공에 손을 뻗치면 그때마다 장미를 한 송이씩 만들어내 듯, 사물과 행동이 끝나 우리 시야에 허공뿐 아무 것도 보이지 않을 때마다 신비롭게도 한 송이의 장미 꽃을 만들어 낸다.

서정주가 국화꽃에서 인생의 뒤안길을 돌아 '이제 돌아와 거울 앞에 선 누님'의 모습을 읽어 낸 마술과 같은 그런 신비한 힘을 이 작자는 가지고 있다. 그것이 창조의 능력일 것이다.

문제는 〈탱고…〉가 누구나 읽기에는 결코 쉽지 않다는 것이다. 지적 독자만이 〈탱고…〉가 갖는 그 마력의 힘에 빠질 수 있다. 이 마력, 이것만으로도 이 글은 한 계절에 탄생한 수필 중 최고의 문제작임에 틀림없다.

이제 본격적인 작품 감상에 들어가 보자. 봄이 이울고, 성급한 덩굴장미가 여름을 깨우는 6월. 바람은 어느덧 봄 바람과는 다른 여름의 기운을 품고 있다.

아파트 현관문을 나서다가 담장 밑에 곱게 피어난 장미 꽃송이와 눈이 마주쳤다. 투명한 이슬방울, 가슴이 뛴다. 그리고는 알 수 없는 통증이 한 줄기 바람처럼 지나가는 것이다. 6월의 훈향

이 슬며시 다가와 관능을 깨운다. 닫혔던 내부로부터의 어떤 확
산감을 느끼게 되곤 하던 것도 그러고 보면 매양 그 무렵이었다.

(p. 164)

 장미를 보고→통증을 느끼고→6월 훈풍이 관능을 깨우고→여름의 기운은 닫혔던 내부에서 무엇인가를 꿈틀거리게 하는 어떤 충동을 불러내고.
 통증의 정체는 무엇일까? 통제 되었던 관능이 내지르는 신음 소리이지 않을까. 작자에게 관능은 뜨거운 것이다. 여름의 기운이 몸으로 느껴질 때 발산되는 살아 있는 생명이 그 살아 있음을 확인 시키는 원초적인 부르짖음이다.
 작자는 관능의 정체를 정확하게 이해하고 있다.

 감각의 비늘을 일으켜 세우는 우리 몸의 관능이 어떻게 하여 일어나며 어떻게 스러지는가? 생명의 에너지를 성의 에너지로 환치한다고 해도 다를 바 없다는 그 에너지의 본체는 무엇인가 하는 물음이 한때는 내게 화두였다. 백골(白骨)을 떠올리며 거기서 애욕(愛慾)의 공무(空無)함을 상상해 보기도 하였다. 그러나 목숨이 있는 한, 성(性)은 우리를 자유롭게 하지 않는다는 사실을 알게 되었다.

(p. 165)

그러나 작자는 스스로의 성(性)을 억압하고 있다. 이 글에서 작자 본인의 상황을 엿볼 수 있는 문장이 오직 네 번 나오고, 그 네 번은 모두 성에 대한 무의식적 억압으로 점철되어 있다. 성에 대해 스스로 뒷걸음치는 것처럼, 동참이 아닌 관찰 또는 방관만으로 만족할 수 있는 것처럼.

• 성(性). 나는 그 자체보다 성에 대한 심리적 반응에 더 관심이 보아진다. (p. 165)

• 사실상 섹슈얼리티에서 한 발자국쯤 멀어진 나이가 되어서인지 섹슈얼리티의 무대가 궁금해졌다. (p. 165)

• 옆을 돌아보니 남편의 얼굴도 묵묵하다. 웬만한 일에는 좀체 고양되지 않는 우리들의 요즈음처럼.(p. 169)

(릴케의 장미에 대한 시구가 인용된 다음) "누구의 것도 아닌 외로움을 고이 간직하고 있는 아름다움이여!" (중략) 그러나 어쩌면 그것은 내 자신에게 보내고 싶은 말이었는지도 모를 일이었다. (p. 169글의 마지막)

필자는 작자를 며칠 전《에세이문학》세미나장에서 만난 적이 있다. 조그마한 체구. 정장의 불편함을 참을 수 없었을까. 윗몸에 걸친 사파리로 몸의 반 이상을 감춘, 섹슈얼리티와는 거리가 있어 보이는 평안한 모습. 주위와 스스럼없이 정열적으로 애기를 나누는 열려 있는 마음가짐을 지닌 여인.

"저는 영화에서처럼 입에 장미를 물고 멋진 남자를 택해 탱고를 출 수 있는 그런 여인을 상상했었는데요."라는 필자의 말에 "저는 탱고 못춰요."라며 수줍어 했었다.

왜 그녀는 한 걸음 관능으로부터 뒤로 물러나 있을까? 왜 스스로 포기할까? 용기가 없어서일까? 그러면서도 몸의 비늘이 일으켜 세워지는 관능의 절정을 꿈꾸고 있다. 외국 대통령이 애인과 즐겼던 섹스 테크닉이 매스컴을 통해서 안방을 스스럼없이 드나드는 이 시대.(그는 전세계 부부들에게 오랄 섹스의 테크닉을 전파한 전도사가 되었다.) 발기부전증 치료제인 비아그라의 한국 시판이 매스컴의 톱 뉴스가 되는 이 시대.

그녀의 말마따나 목숨이 붙어 있는 한 우리는 성(性)으로부터 자유롭지 못하다는 진실을 그 어떤 이도 부정할 수 없다. 그러나 그녀는 움츠리고 있었다. 폐경기 무렵의 여성들에게 다가오는 한 순간의 위기일 따름일까. 아니면 유교적 윤리관에 세뇌된 한국 여인의 정숙함 때문일까.

탱고의 춤 동작에 대한 작자의 적확(的確)한 기술(記述)은 이 작자가 얼마나 단단한 문장력을 갖췄는가를 여실히 보여주고 있다.

  대각선으로 어깨를 맞대고 있는 남녀 댄서의 얼굴은 정지 신호에 걸린 듯 잠시 무표정하다. 투우사가 소를 겨냥할 때의 그것처럼 긴장감마저 든다. 그러나 빠르고 경쾌한 탱고 리듬의 스텝이 몇 번 어우러지더니 급한 회전을 이루며 이내 타오르는 장작불처럼 격렬함에 이르고 만다. 여성 댄서의 손이 남성 댄서의 목을 부드럽게 감싸 안는다. 입술이 닿을 듯 밀착된 가슴. 상대방을 갈구하는 듯한 눈빛. 마침내 남자의 손이 여자의 몸을 훑어내리기 시작한다. 정교하면서도 감성적인 터치. 허벅지까지 깊게 터진 스커트 속으로 공격적인 다리의 움직임이 자유롭다.
(p. 166)

 하지만 〈탱고…〉의 매력은 기술의 적확함에 있지 않다. 그것을 뛰어넘어 사물의 보이지 않는 이면을 읽어 내는 능력. 행위 다음의 무위(無爲)를 바라볼 수 있는 시선에 있다. 정열적으로 탱고를 추고 난 다음의 그 쓸쓸함을 읽어 버리는 능력.
 늙은 커플 댄서가 탱고를 추는 모습을 보며 그녀가 본 것은 관능 속에 숨겨진 외로움이고, 허무의 벽이고, 청춘을 잃어 버린 후 다시 일으켜 세우지지 않는 관능의 포말(泡沫)이고…. 작자는 이 모든 것을 노댄서의 이마에 돋은 힘줄을 보면서 느껴 버리는 것이었다. 그때의 그 시선은 차라리 잔인함에 가깝다.

영화 〈해피 투게더〉의 감상 또한 마찬가지다. 많은 영화평을 읽어 보았지만 이렇게 짧은 문장으로 모든 것을 표현하는 것은 처음 보았다. 영화 속에서 동성애자인 두 주인공이 남녀가 추는 탱고를 두 남자가 춘다.

> 유랑민의 허름한 방 한 구석. 두 마리 짐승처럼 사내 둘이 부둥켜 안고 추는 춤은 탱고가 아니라 차라리 슬픔이었다. 그들은 영화의 제목처럼 행복하지 못했다. 나는 몸으로 풀어내는 그들의 언어를 읽어 내려가며 목안이 아려옴을 어쩌지 못했다. 부에노스아이레스의 낯선 항구. 적막한 그 마지막에 기대 선 것 같은 인생들로 해서. (p. 167)

관능 속에 숨어 있는 외로움을 보고 마는 작자의 시선. 관능의 끝이 결국 허무이고 죽음의 계곡이라는 것을 알아 버린 이 슬픈 시선. 그렇다고 정답만을 되뇌이며 관능이란 그냥 억제되어져야만 하는 것일까. 그 끝이 허무라 할지라도, 죽음이라 할지라도 한 번이라도 관능의 끝에 이르러 보고 직접 허무와 죽음을 대면해야 되지 않을까. 늙어지면 다시 일으켜 세우려고 해도 세워지지 않는 관능이라면….

작자는 오늘밤 웬만한 일에는 고양되지 않는 스스로를 일으켜 세워 부부가 함께 탱고 리듬에 맞춰 춤을 춰야 되지 않을까.

작자가 탱고의 관능 속에서 쓸쓸함을 보아 버렸듯이, 이 글은 작자가 끝내 관능과 의식적으로 거리를 유지함으로써, 우리에게 〈인생, 그 쓸쓸함에 대하여〉라는 또 다른 명제를 남겨 두고 말았다. 작자는 우리더러 이 쓸쓸함을 어쩌란 말이냐! 이 지랄 같은 쓸쓸함을.

작자여, 이제는 숨지 말고 당당히 그대 모습을 드러내어라. 그대는 손만 뻗치면 허공에서 장미를 피어내는 마술의 힘을 가졌으니, 세상을 그대가 만든 장미 숲으로 만들어 보시기를.

수작(秀作)을 만날 때 평자는 그냥 기쁠 뿐이다. 가벼운 흥분마저 느낀다. 〈탱고…〉는 필자에게 한동안 글을 쓰는 데 힘이 되었었다.

필자는 여기에서 이번 호의 붓을 놓을까 한다. (많은 좋은 작품을 계평(季評)에서 다루지 못했으니 작자들에게 심히 죄송할 뿐이다.)

세 편의 작품을 논하는 것으로 필자의 체력은 바닥에 이르고 말왔다. 이 작품들은 가을호를 처음 대했을 때부터 필자를 한동안도 놓아주지 않았다. 읽고 또 읽었다. 읽을수록 이 작품들이 얼마나 훌륭한지를 알 수 있었다. 글이 훌륭했기에 필자의 도전적 글쓰기가 가능했을 것이다.

필자의 지적이 훌륭한 작품에 작은 흠집이라도 내지 않았을까 여간 염려스럽지 않다. 주옥같은 텍스트를 제공해 준 작자들에게 오직 감사할 뿐이다.

- 《에세이문학》, 1999 겨울호 -

| 철학수필산책② |

한 사람의 탱고, 노년의 관능
– 맹난자 〈탱고, 그 관능의 쓸쓸함에 대하여〉를 중심으로 –

황 필 호 | 철학교수
(사단법인 생활철학연구회 이사장)

관능에 대한 사람들의 태도는 백인백색이다. 그러나 대부분의 사람들은 "팔뚝에 붙은 거미를 떼어내듯 말은 모질게 하면서도 속으로는 내심 그 진한 유혹의 잔에 취하게 되기를 원하며", 그 중에는 "궤도 이탈을 꿈꾸기도 하고 심지어는 파괴적 본능까지도 일으키는 이들"도 있다. 한 가지 분명한 사실은, 관능과 관능의 극치인 성(性)은 "목숨이 있는 한, 우리를 자유롭게 하지 않는다."는 것이다.[1]

그러나 동일한 관능이라도 젊은이와 늙은이에 따라서 다르기

---

1) 맹난자, 〈탱고, 그 관능의 쓸쓸함에 대하여〉, 《에세이문학》, 1999년 가을호, p.164~165.

마련이다.

우선 젊은 시절의 관능은 시도 때도없이 일어난다. 꼭 담장 밑에 피어난 장미 꽃송이를 보지 않아도, 동성애를 그린 영화 〈해피 투게더〉를 보지 않아도, 아니 아무런 생각을 하지 않고 있어도 관능의 물결은 여전히 출렁인다. 관능을 느끼지 않는 순간은 잠자는 시간뿐이라고 해야 옳을 것이다. 하긴 몽정(夢精)을 생각하면 이 말도 정확하지는 않겠다.

또한 젊은 시절의 관능에는 아무런 목표가 없다. 관능 자체가 목적이며 수단이다. 거기에는 허무(虛無)가 끼여들 수 없으며, 관능에 대한 어떤 평가도 설 자리가 없다. 젊은이들에게 있어서 관능은 토론의 대상, 상념의 대상, 관조의 대상이 아니라 직접 참여하는 게임이다. 이런 젊은이의 관능을 편의상 '뜨거운 탱고'라고 부르자.

그러나 늙은 시절의 관능은 시도 때도없이 멀리 떨어져 있다가 어떤 충격적인 장면을 경험하면서 가끔 아주 가끔 일어난다. 그리고 그냥 그 곳으로 뛰어들지도 못하면서 관능의 관념화(觀念化)에 시간을 보낸다. 이런 늙은이의 관능을 '부드러운 탱고'라고 부르자.

부드러운 탱고보다는 뜨거운 탱고가 좋다. 이것은 분명한 사실이다. 사탕이 달다는 것을 알 수 있는 가장 확실한 방법은 - 마르크스의 말을 원용하면 - 그 달콤함에 대하여 이러쿵 저러쿵 지껄이는 것이 아니라 그것을 직접 맛보는 것이다. 도대체 누가 이 진리를 부정하겠는가.

그러나 작가가 그리는 관능은 젊은이의 관능이 아니라 늙은이의 관능이라는 것이 나의 견해다. 그리고 그것은 그런대로 가치가 있다.

기실 작가는 "원래 '만진다'는 뜻의 라틴어 '탕게레'에서 비롯된 탱고"로 표현된 관능의 풋풋함을 잘 알고 있다.

> 빠르고 경쾌한 탱고 리듬의 스텝이 몇 번 어우러지더니 급한 회전을 이루며 이내 타오르는 장작불처럼 격렬함에 이르고 만다. 여성 댄서의 손이 남성 댄서의 목을 부드럽게 감싸 안는다. 입술이 닿을 듯 밀착된 가슴. 상대방을 갈구하는 듯한 눈빛. 마침내 남자의 손이 여자의 몸을 훑어내리기 시작한다. 정교하면서도 감상적인 터치. 허벅지까지 깊게 터진 스커트 속으로 공격적인 다리의 움직임이 자유롭다.

분명히 작가는 관능을 '몸으로 풀어내는 언어'라고 말하며, 급기야는 "몸만큼 정직한 것이 있을까?"라고 반문한다. 그러면서도 작가는 관능의 바다로 훌쩍 뛰어들지 못하고 한 걸음 뒤로 물러나 있다. "성, 나는 그 자체보다 성에 대한 심리적 반응에 더 관심이 모아진다."고 고백한다.

격렬한 성을 직접 즐기지 않고 포르노만 보고 있다고나 할까. 그래서 평론가 김종완은 이렇게 말한다.

> 그녀는 움추리고 있다. 폐경기 무렵의 여성들에게 다가오는 한 순간의 위기일 따름일까. 아니면 유교적 윤리관에 세뇌된 한국 여인의 정숙함 때문일까.

이런 작가에게 우리는 어떤 충고를 할 수 있을까. 김종완은 '이지랄 같은 쓸쓸함'에서 벗어나서 관능의 바다로 몸을 던지라고 충고한다.

> 관능 속에 숨어 있는 외로움을 보고 마는 작가의 시선. 관능의 끝이 결국 허무이고 죽음의 계곡이란 것을 알아 버린 이 슬픈 시선. 그렇다고 정답만을 되뇌이며, 관능이란 그냥 억제되어져야만 하는 것일까.
> 죽음이라 할지라도 한 번이라도 관능의 끝에 이르러 보고 직접 허무와 죽음을 대면해야 되지 않을까. 늙어지면 다시 일으켜

세우려고 해도 세워지지 않는 관능이라면…. 작가는 오늘밤 웬만한 일에는 고양되지 않는 스스로를 일으켜 세워 부부가 함께 탱고 리듬에 맞춰 춤을 춰야 하지 않을까.(중략)
　작가여, 이제는 숨지 말고 당당히 그대 모습을 드러내어라. 그대는 손만 뻗치면 허공에서 장미를 피워내는 마술의 힘을 가졌으니, 세상을 그대가 만든 장미 숲으로 만들어 보시기를.[2]

　물론 우리는 작가가 '다시 일으켜 세우려고 해도 세워지지 않는' 폐경기의 비참함을 그냥 앉아서 슬퍼만 한다고 해석할 수 있다.
　"욕망과 외로움을 달래기 위한 발열(發熱), 고양된 감정에 도달하려고 애쓰는, 그러므로해서 더욱 외로워지고 마는 탱고는 결국 외로운 몸짓의 형상화라는 생각조차 들었다."[3]
　또한 우리는 작가가 관능을 억제되어야 하는 것으로 본다고 해석할 수 있다. 그렇다고 해서, 우리가 작가에게 "이제는 숨지 말고 당당히 그대 모습을 드러내라"고 충고하는 것은 - 있을 수는 있으나 - 가장 바람직 하지는 않은 듯하다. 작가는 이미 관능 자체가 가지고 있는 이중성을 꿰뚫어 본 것이다. 관능이 가지고 있는

---
2) 김종완, 〈신인대망론〉《에세이문학》, 1999 겨울호, p.314.
3) 맹난자, 앞의 글 p.167.

썰물과 밀물, 끌어당김과 떨어짐, 긴장과 이완, 쾌락과 회환의 이중성을, 그리고 이런 이중성이 바로 관능의 본원적(本源的) 참모습이라는 것을.

열광과 갈채, 그것이 사라진 텅 빈 객석이거나 아니면 소모해 버린 뒤에 육체적 욕망의 쓸쓸함 같은 것, 이렇게 서로 다른 두 개의 얼굴을 탱고에서 보게 되는 것이다. 관능과 열락(悅樂)과 축제 속에서 다른 한편으로 울고 있는 자신을, 그래서 탱고는 둘이 추면서 혼자인 춤, 무표정한 얼굴의 속마음, 그 더듬이가 촉수(觸手)로 짚어 내려가는 내성적(內省的)인 요소가 탱고의 본령이 아닐까 싶기도 하다.

그리고 그믐달보다도 더 매운 계집의 눈썹 같은 스타카토. 그 스타카토의 분명한 선(線)을 기점을 하여 안으로 파고드는 수렴(收斂)의 감정, 보다 철저하게 혼자가 되는 내성적(內省的)인 춤으로써의 탱고를 나는 좋아하게 되는 것이다.

지금 무대에서는 성장(盛裝)을 한 노년의 커플 댄서가 탱고를 보여 주고 있다. 경륜만큼이나 원숙하고 호흡이 잘 맞는 춤이다. 맞잡은 손을 풀어 놓고 잠시 멀어지는가 했더니 다시 공격적으로 다가와서는 폭력적인 정사(情事)라도 벌이는 것만 같다. 그러나 마음을 주지 않고 돌아서는 여성 댄서는 곧 분리된다. 오케스트라의 리듬에 맞춰 그들은 썰물과 밀물처럼 끌어당김과 떨어짐의 동작을 되풀이하고 있다. 끝없이 이어지는 긴장과 이완. 철썩거리며 해안가에 밀물처럼 굽이쳐 들어왔다가는 휘몰아 나가고, 나가고 나면 다시 그 자리. 어찌할 수 없는 본원적 자리일 터이다.[4]

뜨거운 탱고는 이런 경지를 절대로 알 수 없으며, 뜨거운 탱고를 부러워하는 모든 부드러운 탱고가 이 경지에 도달한 것은 아니다. 그것은 양자의 변증법적 조화에서만 성취될 수 있다. 작가는 이 새로운 경지를 보여 준 것이다.

물론 이 글에 흠이 없지는 않다. 우선 '탱고', '프리즘', '스타카토'는 그대로 외국어를 쓸 수밖에 없다고 해도 '실루엣', '스탑', '커플', '댄서' 등의 많은 외국어가 그대로 튀어 나온다. 미문(美文)을 쓰려는 인위적인 흔적도 쉽게 발견할 수 있다. 그리고 "우리는 열정적 충돌과 결코 무관할 수 없는 존재, 사실 그것으로 해서 우리의 성이 동물적 성행위와 구별되는 것이 아닐까"와 같이 잘못된 지적도 있다.

만약 인간이 결코 열정적 충돌과 떨어질 수 없다면, 인간은 그만치 동물과 비슷하다는 주장이 될 것이다. 이런 뜻에서, 이 글은

---

4) 맹난자의 글, p.168.

'한 계절에 탄생한 수필 중 최고의 문제작임에 틀림없다."[5]는 평은 과찬일 수도 있겠다.

그러나 작가가 뜨거운 탱고는 부드러운 탱고의 뜻을 되새기고 후자는 다시 전자의 불타오름을 망각하지 않는 새로운 경지의 관능, 즉 제3의 관능을 선보이고 있다는 사실에는 의심의 여지가 없다.

원래 서양에는 "탱고를 추려면 두 사람이 있어야 한다."(It takes two to tango)는 말이 있다. 아마도 노년의 탱고는 둘이 추면서도 혼자 추는 춤이 아닐까.

- 《수필과 비평》, 2000, 5 · 6월호 -

---

5) 김종완, 앞의 글 p.313.

| 제19회 現代隨筆文學賞 수상자의 수필세계 |

생사고해(生死苦海)의 해녀(海女)

강호형 | 수필가

1. 샘이 깊은 물

나는 '맹난자(孟蘭子)' 하면 곧 '현동(玄同)'이란 말이 떠오른다. 그것은 일종의 조건반사적 생리 현상이기도 한데, 물론 처음부터 그랬던 것은 아니다. 그도 그럴 것이 내가 맹난자 씨를 알게 된 것이 겨우 4~5년밖에 안 될 뿐더러, 첫 대면에서 받은 인상도 그저 '수더분하고 마음씨 좋은 이웃 아주머니' 그대로였기 때문이다. 이런 아주머니의 특징은 본래, 처음 만나도 십년지기 같고 십 년을 봐도 싫증이 나기는커녕 새록새록 신선감을 준다는 데 있다. 그것은 마치 날마다 퍼내도 마르지 않고 십 년을 마셔도 그 맛이 변하기는커녕 마실수록 시원한 샘물 같다.

'샘이 깊은 물은 가뭄에 아니 그칠새 내 이루어 바다에 가나

니….'

그렇다. 옹달샘이 웅덩이보다 작아 보이지만, 웅덩이가 말라 추한 바닥을 드러낼 때도 마르지 않고 한결같은 것은 그 연원이 깊기 때문이다. 맹난자 씨는 옹달샘 같은 사람이다. 작아 보이면서 크고 크면서도 결코 커보이지 않는 사람이다.

샘이 깊은 물—그가 이처럼 깊은 샘이 될 수 있었던 것은 선천적이라고 하기보다 부단한 자기 연마의 결과로 보인다.

그는 인생을 치열하게 사는 사람이다. 대부분의 '현모양처' 들처럼 착한 심성 하나 믿고 뒤웅박 팔자로만 살아갈 수는 없는 사람이다. 그렇게만 살아가기에는 '끼' 가 너무 많은 사람이다.

그는 초등학교 시절에 이미 아버지의 서재에 묻혀 책 향기에 익숙해졌으며, 중·고등학교 때는 이화여대 주최 '전국여고생문예콩쿠르' 에 입상하고 그것을 직접 연출하여 무대에 올리는가 하면, 대학교에 입학해서는 '실험극장' 창립 멤버로 기획·연출까지 할 만큼 끼가 있는 사람이다.

나는 모두(冒頭)에 '현동' 이란 말을 내세웠다. 내가 그런 인상을 받게 된 것은 그의 범상치 않은 이력에서 그 연원을 찾아야 할 것 같다. 그는 이화여대 국문과 3년을 마치고 동국대학교에 편입하여 불교철학을 전공했다.

일본문학과 실존주의 문학에 심취했던 국문과 시절, 불교문학 서클에 가입하여 헤르만 헤세의 〈싯다르타〉를 중심으로 한 〈서구 작가와 불교적 경향〉이란 논문을 발표하던 불교철학과 시절….

이후로도 주역과 명리학을 공부하여 그것을 강의하기에 이르는가 하면, 공무원·국어 교사·불교 잡지 편집장을 거쳐 수필가로도 활동하고 있는 그는 이밖에도 숱한 우여곡절을 겪었다.

'아픈 만큼 성숙해진다'—이런 신파조 유행가도 그의 이력을 알고 나면 숙연하게만 느껴지는 것이다.

현동(玄同)이란 말은 노자(老子) 제56장에 나오는 '화광동진(和光同塵)'에 그 뿌리가 있다.

"아는 사람은 말하지 않고 말하는 사람은 알지 못한다. 그 이목구비를 막고 그 문을 달아서 날카로운 기운을 꺾고 혼란함을 풀고 지혜의 빛을 늦추고[和其光], 속세의 티끌과 함께하는 것[同其塵]을 현동이라 한다."

즉 지덕(智德)과 재기(才氣)를 감추고 세속에 동화된다는 말로, 불가(佛家)에서는 부처가 중생을 구제하기 위하여 본색을 숨기고 인간계에 나타남을 이를 때 쓰는 말이기도 하다.

그는 공부를 많이 했고, 지금도 쉬지 않고 하고 있는 사람이다. 그리하여 그 깊이를 가늠할 수 없을 만큼 많은 것을 터득하고 마침내 깨달은 사람이다.

그는 '풍경소리'라는 불교 포교 단체에 참여하여 활동하고 있지만 티를 내지 않는다. 숱한 질곡을 건너고 '끼'도 잠재운 예순 고개에 다다랐지만 아직도 자신에게는 치열하되 나서면 온유한 사람―어디서 만나도 이웃 아주머니 같고 언제 보아도 입가에 가섭존자(迦葉尊者) 같은 미소가 떠나지 않는 사람―맹난자 씨를 보면 '현동'을 떠올리게 되는 것은 결코 과장이거나 착각이 아니다.

2. 뿌리 깊은 나무

그는 1996년에 계간 《수필공원》을 통해 수필가로 등단했지만, 실상 그에게 있어서 이런 절차는 한낱 요식 행위였을 뿐 그는 이미 적지 않은 수필 형식의 글을 발표하여 왔다. 그 증거물로 등단 첫해에 수필집 《빈 배에 가득한 달빛》을 출간했으며, 연이어 회심의 역작 《남산이 북산을 보며 웃네》(1998)를 내놓음으로써 세간의 찬탄을 받았다.

첫 수필집의 표제 《빈 배…》가 암시하듯 그의 수필 세계를 관통하는 것은 불교적 인생관이다.

빈 방, 그리고 달빛.

알 수 없는 무엇인가가 그때 가슴에 차오르기 시작했다. 누르기 어려운 충일(充溢). 아, 어떻게 하면 말로 다 풀어낼 수 있을까?

빈 배와 달빛과 그 허기를.

그래서 아마 그때부터 달빛은 나의 원형이 되었고 빈 배는 나의 실존을 뜻하게 된 것인지도 모른다. (중략) 아무것도 가질 수 없을 때 나는 버리는 것부터 배웠다. (중략) 그리하여 돌아오는 배에는 달빛만이 가득하거니, 달빛만 가득하다면 그것으로 좋았다. 무형의 그 달빛은 내게 있어 충분히 의미 있는 그 이상의 무엇이 되었으며 언제인가부터 나도 제 혼자서 차오르는 달처럼 내 안에서 만월을 이룩하고 싶었다.

저 무욕대비(無欲大悲)의 만월(滿月).

― 〈빈 배에 가득한 달빛〉

이렇듯 그는 가질 수 없을 때 버림으로써 오히려 채우는 사람이다. 언젠가 그가, 쓰고 싶은 것은 많은데 글이 풀리지를 않는다고 하소연했을 때 나는 아는 것이 그렇게 많으니 그걸 어떻게 다 주체하겠느냐며 웃은 일이 있다. 그건 사실이었다. 그의 정신 세계는 '빈 배에 가득한 달빛' 보다 더 신비롭고 '무욕대비의 만월' 이 무색할 불심(佛心)으로 가득 차 있다.

자연 그의 수필에는 속기(俗氣)나 치기 같은 것이 없다. 단순한 신변잡기에 머물거나 음풍농월로 만족할 수 없는 것이 그의 수필 작법인 것이다. 그는 새를 보되 노래를 즐기는 데 그치지 않고, 나무를 말하되 꽃이나 열매를 상찬(賞讚)하는 것으로 만족하지 않는다.

황량한 겨울 바람 앞에 나목이 서 있다. 바람이 털고 간 대로 거기에 맡겨 빈 나뭇가지가 된 것이 얼마나 아름다운지 모른다. 나뭇가지에 연두색 잎이 돋을 때도 좋고, 만홍의 단풍 빛깔도 좋지만 그보다 더 좋은 것은 아무래도 완성하고 난 뒤의 텅 빈 공간이다. 마치 우리네 인생을 보는 것 같다. …이제 비로소 자유롭게 된 그 나무의 적막이 편안함으로 다가온다. '수고로운 짐진 자들아 다 내게로 오라'는 듯이 가슴을 열고 팔을 벌려 선 나무.

— 〈나목(裸木)〉 여의도 에세이, 2000.12.20 일부

그는 '수고로운 짐진 자들아 다 내게로 오라'는 듯이 가슴을 열고 팔을 벌려 서 있는 나목인지도 모른다. 그러나 그 나목의 밑둥에는 '팔 벌린' 가지보다 더 많은 뿌리가 땅 속 저 깊은 곳을 흐르는 구천(九泉)에까지 닿아 때를 기다리고 있음에 틀림없다. 달관의 경지에 도달한 사람이 아니고서는 취할 수 없는 자세.

나비의 두 날개가 한 장으로 접어지듯, 몸과 마음을 포개어 마침내 아무것도 아닌 것으로 조용히 풍화되고 싶다. 텅 빈 숲 둘레에 어둠이 가만가만 내려앉는다. 나는 적요 속에 한 점의 정물이 되어 그냥 앉아 있다. 이윽고 편안한 어둠이 몸을 감싼다. 푸른 어둠의 바다 밑으로 잠기고 있다. 이제 나는 아무것도 아니다.

―〈산책〉에세이문학 2000. 여름호

평론가 김종완은 위 작품을 평하면서 "귀일(歸一)을 위해 바쳐지는 시간, 그리하여 한 점의 정물(靜物)이 되어 '나는 아무것도 아닌 경지'의 정점에 도달하였다. (중략) 그렇다. 작가의 정신은 정점에 이르렀다. 이제 더 이상 쓸 것이 없다"고 말했다.

그러나 '더 이상 쓸 것이 없다'는 것은 〈산책〉에 한한 말이지 그에게는 쓸 것이 너무 많다. 그 예로, 그는 지금도 글쓰기에 눈코 뜰 새 없이 바쁘다. 그의 두번째 에세이집 《남산이 북산을 보고 웃네》를 본 어느 출판사 관계자의 간청으로 '작가의 묘지 기행' 출판 계약을 맺은 데다가 지난해 8월부터 쓰기 시작한 '여의도 에세이'도 계속 써 내야 하기 때문이라고 한다.

3. 바다로 바다로

생사고해(生死苦海). (중략)

그래서 죽음이 또 하나의 삶인 것도 통 모르고 있다. 과연 죽음만큼 절대의 공포는 없다.

여기 그 죽음을, 빛나는 인간들의 최후를 통해서 극적으로 보여주는 전람회가 있다. 맹난자 여사가 불교, 노장(老莊), 그리고 주역(周易)의 여가에 그 일을 해내어 사람들을 한밤중에 깨어나게 하고 있다.

뜻깊은 일이로다.

—고은,《남산이 북산을 보며 웃네》추천사 일부

승려 출신 시인의 이런 추천사가 아니더라도 '고해(苦海)'에서 허우적거리다가 사라져 간 101명의 '빛나는 인간들'의 죽음에 조명등을 비추고 현미경을 들이대는 작업은 맹난자 씨만 할 수 있는 일이라고 해도 크게 지나친 말은 아닐 것이다. 그는 이에 만족하지 않고 일본·미국·중국·유럽의 여러 나라를 돌며 역사적 인물들의 묘지를 살펴봤다고 들었다.

죽음에 대한 탐구는 나 자신을 위한 하나의 해답을 위해서였다.

(중략) 어떻게 죽어야 옳을까? 그들은 어떻게 죽어 갔을까? (중략) 때로 훌륭한 죽음이 최고의 이력(履歷)이라고 한 귄터 그라스의 말도 이해할 수 있었다.

—《남산이…》'책을 열면서' 일부

'나 자신을 위한 해답' '어떻게 죽어야 옳을까?' '그들은 어떻게 죽어 갔을까?' … 그가 풀지 못해 고민하고 있는 숙제는 '어떻게 살 것인가?'가 아니라 '어떻게 죽을 것인가?'에 있다. 하기야 그에게 있어서 '삶'과 '죽음'은 별개의 것이 아니다. 삶은 죽음의 과정이요, 죽음은 다시 삶의 계기일 뿐이다. 그러므로 맹난자 씨의 묘지 순례나 '죽음'에 대한 천착은 '생사고해'의 표면을 떠도는 작업이 아니라 그 심연에까지 자맥질하여 진실이 묻힌 갯벌에 서치라이트를 비추는 해녀(海女)의 고행(苦行)이다.

나는 앞에서 그를 '인생을 치열하게 사는 사람'이라고 했다. 누군들 단 한 번의 인생을 건성으로 살고 싶으랴. 그러나 치열한 인생을 사는 것은 아무나 하는 일이 아니다. 더구나 '여필종부(女必從夫)'가 최고의 미덕이었던 한국 사회에서 그처럼 치열한 인생을 살아온 여성을 만나기는 쉬운 일이 아니다.

당연한 결과로 맹난자 씨의 수필에는 편편마다 치열성이 배어 있다. 이제 그의 수필을 놓고 원론적인 수필 작법의 잣대로 재단하는 것은 무의미한 일이다.

가뜩이나 우리 수필의 '여성화'에 대한 우려의 목소리가 불거져 나오고 있는 요즘, '통큰 여자' 하나가 혜성처럼 나타나 주목을 받게 된 것은 여간 흐뭇한 일이 아니다.

맹난자 씨의 건필에 기대를 걸어도 좋을 것이다.

사유의 뜰

지은이 / 맹난자
펴낸이 / 김동금
펴낸곳 / 우리출판사

주소 / 서울시 서대문구 충정로3가 1-38호
등록 / 제9-139호
전화 / (02)313-5047 · 5056
팩스 / (02)393-9696
E-mail / woribook@chollian.net

제1판 제1쇄 인쇄 / 2001년 4월 2일
제1판 제1쇄 발행 / 2001년 4월 11일

정가 6,000원
ISBN 89-7561-146-9 03810